「小池劇場」の真実

有本　香

「小池劇場」の真実

目次

第2章　石原慎太郎という敵　51

第3章　メディアが共犯者　85

はじめに——ないない尽くしの小池ファースト劇場

「小池劇場」とは何なのか？　と問われたら、その中身は空っぽ、何もない、と答えるほかはない。記憶にあるのは、いくつもの風評と騒がしさだけだ。10カ月に及ぶ、無為無策のその結果、東京都政は混迷、遅滞し、多額の損害を発生させている。そればかりか、開催を3年後に控えている東京五輪・パラリンピック（以下、東京五輪）も、招致の際に国際公約したとおりの開催は難しい状況に陥ってしまった。

マイナスはカネやモノの面だけではない。

築地市場内の人々をはじめとする都民を分断し、多くの人を「罪人」扱いしてその心身を傷つけ、困惑と不安のなかに落とした。

就任から半年以上、テレビでその顔を見ない日はなかった小池百合子氏（以下、敬称略）が、東京都知事となって何を成したのか、思い出そうにも何一つ浮かんでこない。そもそも何をしたいのかさえ見えてこない。

過去、国政に「小泉劇場」、大阪の地方行政には「橋下劇場」と評された現象があった。だが、これら2つの劇場と、今日、東京に起きている小池劇場は、根本から異なる現象だ。それは、つぎの3点の「ないない尽くし」に明らかである。

まず、小泉純一郎氏（以下、敬称略）、橋下徹氏（以下、敬称略）の「劇場」には、賛否は別として、はっきりとした「演目＝実現したい政策」があった。小泉のそれは「郵政民営化」に代表される構造改革であり、橋下には「大阪都構想」と銘打った大阪の再編という大命題があった。

しかし小池の劇場にはこれといった演目が「ない」。

強いて挙げれば、小池本人が言った「黒い頭のネズミ捜し」であろうか。つまり、前任者や政敵の「吊るし上げ」劇だが、数カ月間もメディアとともに大騒ぎしたわりには、罪人は一人も見つかっていない。

つぎの「ない」は、正規の手続きがないことだ。

小泉、橋下は「既得権益をぶっ壊す」ことを訴えて喝采《かっさい》を浴びてはいたが、日本の民主主義のシステムをぶっ壊すことはけっしてなかった。当然ながら、2人は行政の長として手続きをきちんと踏んで物事を決め、執行した。小泉の「破壊劇」の後ろには財務省のエリート官僚集団が付いていたし、橋下は法律家だ。そのあたりに抜かりはない。

ところが、小池は違った。

就任早々の平成28年8月末、2カ月先に迫っていた築地から豊洲への市場の移転という大事業をまさに「鶴の一声」で、議会に諮ることもなく延期すると独断したのである。

女性初の都知事ということもあり、就任時には大いに期待した小池百合子という政治家に対し、私が決定的な不信感を抱いたのはこのときからだった。

小池は、都知事選挙の最中から最近まで、「都政はブラックボックス。いつ、どこで、誰が何を決めているかわからない」と繰り返し言っている。だが、これはおかしい。

私たち市井の一都民でも、都庁の公開資料や都議会の議事録はかなりのところまで閲覧でき、都政のさまざまな事柄が、いつ、どの場で、誰によって決められたかはほぼわかる。最高権力者の都知事ともなれば、一般に非公開の資料も閲覧可能だから、誰が決めたかわからないはずはない。

一方、都政史上、きわめて異例なことだが、小池は、20年近くかけて進められてきた卸売市場移転という大事業を、一人で「延期する」と決めたのだ。彼女流に言えば、「私が決めた。わかりやすいでしょ」ということだろうが、ならば、これにより生じた巨額の損害は小池一人が負うべきである。

もう一つ、小池劇場の「ない」は、ファクト（事実）に基づくロジック（論理）がないことだ。最近の小池の記者会見では、まさに「言語明瞭、意味不明（流暢《りゅうちょう》に喋るが、論理はめちゃくちゃ）」な場面がたびたび見られる。

2月末、現在の築地市場の安全性を問われた際に、「コンクリートとアスファルトでカバーされており、法令上も問題がない（から安全）」と答え、それなら同じく被覆されている豊洲も安全ではないか、と問い返されると、「地上と地下を分けるという考え方は、消費者が合理的に考えてくれるかクエスチョンマークだ」と支離滅裂な答えを返し、数日後、「豊洲は安全だが安心がない。築地は安心もある」との珍回答をした。これについて、橋下は堪《たま》りかねたように、「小池さんの態度は知事として失格」と自身のツイッターで斬って捨てていた。

結論から先に言うと、小池とマスメディアがさんざん難癖をつけた豊洲市場の安全性には何ら問題はなく、五輪施設も含め工事の入札等での不正は今のところ一つも見つかっていない。くわしくは本書を読んでいただきたいが、これらのことは、都庁内の検証、議会での答弁ですでに明らかになっている。

にもかかわらず、「都政の透明化」を自身の看板に掲げる小池が、こうした自分にとって都合の悪い事実は公表しない、したがらない。

とんでもない二重基準。ご都合主義の自分ファーストではないか。

ビジョン・政策がなく、正当な手続きがなく、ファクトに基づくロジックがない。ないない尽くしで、ただ騒がしく他人を叩くだけのワイドショー政治。これは、けっして東京ローカルの問題でも、単なる権力闘争の一幕でもない。日本がゆっくりと自壊の道を進んでいく、その恐るべき一幕ではないか。

本書は、小池個人や政界ゴシップを書き連ねることを主旨としていない。半年以上にわたって日本を席捲した「小池劇場」なる現象を検証することで、今の日本に巣食う病理を明らかにしようという試みである。

有本　香

第1章　小池劇場の始まり

小池劇場の被害者による悲痛な「声明」

「このような『いびつ』な行政手法は一日も早く放棄して、卸売市場行政を所管する中央卸売市場を主体とする本来の行政に戻し、業界に対しこれ以上、混乱と分断を拡げることなく、冷静かつ建設的な議論を起動させ、築地市場の将来を速やかに決したい」

平成29年4月27日午後、東京都庁内の会見室では異例の記者会見が開かれた。会見者は、築地市場の青果業者でつくる団体「築地市場青果連合事業協会」の三役。冒頭、泉未紀夫会長が、抗議の「声明」を読み上げた。右はその一部である。

混乱、分断——これが、10カ月もの間、迷走を続けた「いびつ」な行政、小池劇場がもたらしたものだ。

金銭上の損失は、現在はっきりしているだけですでに100億円超。所信表明演説のときから小池が繰り返した「ワイズスペンディング（賢い支出）」が聞いて呆れる。

巷はもうすぐゴールデンウィークという4月末、本来なら、新しい豊洲の市場でのオペレーションも軌道に乗り、見物客で賑《にぎ》わっていたであろう時季に、築地市場の業者の多くが憤り、困惑と不安を抱えている。

怒りは、小池のブレーンの一人の「暴挙」に向けられていた。

会見前日の4月26日、都庁では「市場問題プロジェクトチーム（PT）」の第8回会合が開かれていた。

このPTは、前年の8月31日、都知事就任から1カ月の小池が、約2カ月後に迫っていた「築地市場の豊洲移転」という大事業を独断で延期した後に立ち上げられた、知事肝いりの諮問機関だ。座長を務めるのは、小池が就任直後、自らのブレーンとなる顧問として迎えた、小島敏郎氏（元青山学院大学教授／以下、敬称略）である。

小島は、小池が環境大臣を務めたときの部下であり、環境省を辞めた後は、大学で教鞭をとりながら、参議院議員の山本太郎氏らとともに、「首都圏反原発連合」のデモで熱弁をふるう活動家の顔も持つ人物だ。名古屋の河村たかし市長のブレーンを務めたこともあり、これまでにいくつかの公共事業を止めたことを「実績」として語り、近年は、勤務していた青山学院大学で、新学部設置は無効だとして、大学と学長を訴える「騒動」を起こしたことでも知られている。

この日のPTでは、築地市場をどうするのかについて、PTとしての第一次報告書素案なるものが出された。そのなかに、「青果の豊洲移転、水産物は築地市場で改修営業という選択肢も考えられる」と記されていた。

「魚市場」というイメージの強い築地市場だが、場内には、野菜や果物を扱う青果部門もある。年間取扱量では、水産物が43万6274トン（約480種類、4401億4500万円）なのに対し、青果物（鳥卵・つけ物含む）は27万1657トン（約270種類、889億5600万円）に上る。

とくに、促成野菜や洋菜類、ハーブ類の豊富な品揃えは他に類を見ないため、築地へ買い出しに来るプロの料理人、買い出し人にとって、魚と一緒に野菜果物もあるからこその「築地」なのだ。

当然、新築ピカピカのまま空家となっている豊洲新市場にも「青果棟」がある。水産と青果は不可分。その築地ブランドの根幹を破壊する「青果は豊洲、水産は築地」という荒唐無稽な一文が、小島が示した報告書素案には書かれてあった。

くわえて、会合後には、小島が記者の質問に対し、築地の業界団体を指して「マネジメント能力がない」「青果さんは豊洲に行きたいなら行けばいい」などと発言、堪りかねた青果業者が怒りの声を上げたというわけである。

「このような小島座長の態度は到底看過することができないばかりか、暴挙と言わざるを得ない。PTといい、顧問といい、中央卸売市場行政に何ら権限も責任もない者の発言であり許しがたい思いであります」

声明にはこう書かれていた。

看過できない。許しがたい思い――。同じような強い言葉が、日を追うごとに築地市場の多くの人たちから聞かれるようになっている。とうとう、小池に対する訴訟も視野に入れた住民監査請求に踏み切った仲卸業者もある。

市場を弄《もてあそ》ぶ小池都政を糾弾する内部告発も

一方、PTには、座長の小島とは相容れない考えを持つメンバーもいる。

東京国際フォーラムなどの設計を手掛け、当代日本を代表する建築家である佐藤尚巳氏（以下、敬称略）は、PTの専門委員の一人だが、小島の私物化とも見えるPTの惨状を看過できず、内部告発に及んだ。

4月上旬、佐藤からの呼びかけで、私は雑誌で対談することとなった。

そこで、PTの実態と、一部メンバーによって続けられた豊洲市場についての悪質なプロパガンダ（政治宣伝）の背景が明かされた。その内容は順を追って詳述するが、佐藤の言葉のなかでまず、印象に残ったのはつぎの2つの発言である。

「座長を務める小島敏郎氏の言動から感じることは、とにかく豊洲には行かせたくない、と。（略）実際にPTでも感じることですが、『専門家』というタイトルがついている人たちは、政治性を帯びているように見えてしまいます」

永田町のある閣僚経験者は、小池の側近、ブレーンについて、名前こそ特定しなかったが、「小池さんが都庁のなかに、過激派を連れ込んだようなもの」と言っている。

個々人がさまざまな政治思想を持つことは自由だが、それによって都政を混乱させ、都民を分断する挙に出るような者が知事側近というのなら問題だ。

佐藤は、「小池体制」の別の側面について述懐する。

「第1回のPT会議に参加したとき、総勢40〜50人の専門家やスタッフが参加していました。本来であれば、都の担当の方々には前向きな仕事をしていただきたいと思いますが、この8カ月、過去の資料を洗い出すような後ろ向きの仕事ばかり。スタッフはみなげっそりとやつれていました。しかも、仕事の成果が将来にまったく反映されないから生産的でない。東京都は日本をけん引していく行政機関なのに……」

数十人×10カ月間の人件費も、小池劇場の損失に計上しなければならない。

市場問題のほかにも、ただただ後ろ向きで成果ゼロな仕事をさせられた職員は大勢いる。カネに換算できない、職員のモチベーションの低下という損失も深刻だ。

築地市場内で工事が止まっている環状２号線。果たして東京五輪前に開通できるのか。

築地ブランドの破壊、ひいては中央卸売市場の破壊、都庁職員を後ろ向きの仕事に縛り付けることによる行政機能の破壊。そして、もう一つ、市場問題の混迷によって生じる深刻な破壊がある。

築地市場が豊洲に移転した後、建物が解体された築地の跡地の一部を通るかたちで環状2号線の道路工事が予定されていた。この道路は、2020年東京五輪の期間中は、選手村と競技場を結ぶ専用道路となるという「国際公約」付きの道路だ。

晴海通りの1日に4万台の交通量に対し、環状2号線は1日に6万台を受け持つ。五輪終了後には、取扱が伸び悩む東京港の新たなメイン道路としての機能が期待されている。

築地市場の移転問題は、単なる市場のお引越しの問題ではなく、イコール環状2号線問題であり、五輪問題であり、東京湾岸の再開発と今後の経済活性化に絡む問題なのだ。

　2月に着工の予定だった環状2号線の工事は今もストップしたまま。もはや、東京五輪までの開通は絶望的とされ、国際公約をクリアするレベルでの五輪開催は難しくなってしまった。小池が決めた市場移転の延期は、すでに東京五輪の「破壊」につながっている。

　小池劇場の成り行きを見ていると、過去のある為政者の愚かな言葉を思い出す。

「最低でも県外」――2009年、民主党（当時）代表として選挙で大勝して政権を取り、総理大臣となった鳩山由紀夫氏が、沖縄の米軍普天間飛行場の移設に絡む「公約」として掲げたあの言葉である。

　この妄言が、日本にどれほどの不利益をもたらしたかは今さら説明するまでもないだろうが、あの悪夢が首都・東京で繰り返されるかもしれないのである。

　都民はもちろん、国民の一人でも多くがこの問題の深刻さと本質を理解しないと、いずれたいへんな悲劇を招くことになる。

　私はこの半年余り、テレビやラジオ、新聞、雑誌、インターネットと自分が出るさまざまなメディアを通じて、「小池劇場」の危険性を発信してきたつもりである。しかし、まだまだその効果は限定的で、自分の力不足を痛感するばかりだ。

今、日本の首都が沈みかけている。

この危機感を一人でも多くの人と正しく共有したい。そのために、まずは小池劇場の始まりから繙《ひもと》いていくこととする。

ビジョンなく、後ろ向きな3つの公約

小池劇場は「一人舞台」で始まった。党内に同志のいない彼女らしいスタート。そして始まりからして妙な感じであった。

1　（都議会）冒頭解散
2　利権追及チーム
3　舛添問題の第三者委員会設置

こう書かれたボードを顔の横に掲げ、小池百合子は集まった大勢の記者に東京都知事選挙の自身の公約を説明し始めた。平成28年7月6日、折しも、参議院選挙戦の真っ只中のことである。

え？　これが都知事選の公約？

インターネット中継で会見を見た私は違和感をおぼえた。

本来、公約として最初に語るべき「東京をどんな街にしたいのか」というビジョンがないではないか。

成し遂げたい何か（目標）を一切言わず、過去の関係者を糾弾し、対立する。そのための手段ばかり3つ並べて「公約」とするとは、あまりにもネガティブだ。

元キャスターらしい綺麗な滑舌と、フリップボードを用いた「プレゼン上手」ぶりとは対照的に、お粗末な内容と映った。

それでもこのときは、後出し（出馬）有利といわれた都知事選に、「崖から飛び降りる覚悟で」一先出しした小池が、後出しの候補らに自らの目玉政策を盗られないための小細工をしているのだろうと同情的に見ていた。

しかし思い返してみると、小池劇場の「ないない尽くし」はこのときから始まっていたのだ。

ビジョンや目標がない代わりに、誰かを「悪者」に仕立てることで自身の評価を上げる、筋悪のドラマを仕掛けようとの意図ははっきり見て取れた。

今や多くの人が忘れているだろうから、あらためてこの最初の3つの「公約」について、その後の進捗、結果をふり返ってみたい。

まず、1の（都議会）冒頭解散については、当時、多くの人の失笑を買った。首相が自身の判断で衆議院を解散できる国政と違って、地方自治体の長には無条件で議会を解散する権限はない。

小池は、「（議会から）不信任があって解散できるということは存じております」などと誤魔化したが、よくわかっているなら「冒頭」と言うはずもない。

一言で言えば不勉強。不勉強さは、小池という政治家を語る上でのキーワードの一つである。

後に、石原慎太郎氏（以下、敬称略）が手記のなかで明かしたとおり、平成26年の舛添知事選出の選挙のときにも小池は都知事選出馬の道を模索した。

2年以上も前から都知事の椅子を狙っていたにもかかわらず、「（都議会）冒頭解散」を公約の第一に挙げるというのはあまりにも不勉強である。

むろん、知識豊富な理論家が良い政治家たりうるというわけではない。その証拠に、エリート官僚上がりで法律や政策の知識をイヤというほど持ちながら、国民の為になる仕事をできない政治家は永田町にゴマンといる。

しかも、自治体の長ともなると業務範囲・規模は膨大で、これだけ学べば十分ということはなかろう。だからこそ、小池が敵視した石原が、記者会見や百条委員会で繰り返したとおり、職能ある官僚や専門家を〝うまく〟使う必要がある。

ただし、使うのには、最低限の見識とリテラシー（情報を活用する力）がなければ、狡《こう》知《ち》に長《た》けた側近に逆に使われてしまう。

前に述べた市場問題PTでの件のとおり、今の小池都政にはその「悪しき側近政治」の傾向が顕著である。築地から豊洲への市場移転をめぐる混乱は、不勉強だが政争のネタ探しには熱心な小池が、偏った考えを持つ側近らに利用された結果である。

地方の「二元代表制」に無知なのか

余談になるが説明しておくと、わが国では、国政は「議院内閣制」、地方は「二元代表制」をとっている。

国政では、首相は国民有権者から直接選ばれるわけではなく、選挙の結果、議会（議院）の多数を占めた与党のトップが首班指名を経て内閣総理大臣となり政権をつくる。

これに対し地方政治では、行政の長（知事、市町村長）と、議会がそれぞれ別々の選挙で、直接、有権者から選ばれる。ゆえに、首長と議会は互いに独立した存在であり、これを二元代表制という。

地方議会はおもに、権限の強い行政の長の独裁・暴走がないよう牽制し、首長の指揮のもと執行される役所の仕事が正しくあるかをチェックする役割を負う。

この点から見ると、小池のつくる「都民ファーストの会」なる会派から都議会議員選挙に出ようという人たちが、「小池知事を支えて」「小池都政のために」と言い募るのはおかしなことで、自らの役割をわかっているのか心配になる。

話を戻すと、公約1は当然のことながら実現されなかった。

就任したばかりの知事に議会がいきなり不信任案を出すこと自体、考えられないが、仮に都議会で知事不信任案が出され可決されたら、これへの対抗策としてはじめて知事は都議会を解散することができる。この解散後の選挙で新たに選ばれた都議会がもう一度、知事不信任案を可決したら、今度は知事が自動失職となり知事選が行われることになる。

都議会議員選挙や都知事選挙にはそれぞれ40〜50億円の費用がかかる。こんなバカげたことを公約の第一に挙げたのは小池側の明らかな失態だが、さしたる批判もせず、「小泉(元総理)ゆずりのケンカ戦法」などと持ち上げ報じていたマスメディアや政治評論家もいい面の皮である。

小池もこれをマズイと思ったのか、以後これには触れなくなっていた。が、就任後初の議会を終えた10月14日の記者会見で、提案した議案がすべて可決されたことから、「（議会の）ご信任をいただいた、ということかと思います。（略）よって、冒頭解散の機を逸したということになろうかと思います」と言い繕っている。

利権追及に白旗をあげた答弁

公約2の利権追及チームについては、果たしてこの「チーム」が、どれほどの成果を挙げたのかを端的に示した文言がある。平成29年4月25日の都議会財政委員会で交わされた問答がそれだ。

都議会自民党の秋田一郎議員が、都の経理部長に対し、東京五輪の競技場や豊洲市場など5件の工事入札について不正があったのか否かを一つずつ質《ただ》したあと、次のように聞いている。

「確認させてください。これら5つの契約の入札経過は、公正性が担保されており、不正や疑惑はなかったといってよろしいんですね」

これへの答弁は、

「不正や疑惑はPT（内部統制プロジェクトチーム）としてはありませんというお答えに

なります」

秋田の再三の確認に、

「これらの入札契約手続きは適正な手続きに則ってなされたものでございまして、その意味で、財務局としては不正はなかったというふうに考えます」

これが、現在の東京都の正式な答弁である。いまのところ不正はない。では、いったいあの「犯人捜し」の大騒ぎは何だったのか。

そもそも「利権」とは具体的に何を指すのか、を明示もしないまま、２０２０年の東京五輪の会場を見直すと大見得を切り、宮城だ、横浜だと、ハデに立ち回った挙句、元のサヤに納まるしかなかった経緯は周知のとおりである。

小池とその側近による五輪準備への破壊行為の内幕については、平成29年4月に発売された、森喜朗氏の『遺書　東京五輪への覚悟』に詳しい。

築地市場から豊洲新市場への移転についても同様で、マスメディアや小池にくっつく一部の都議会議員らとともにさんざん風評を煽った挙句、新市場の安全性にも、関係した人人の「利権」についても何一つ問題を見つけられなかった。

では、公約3の舛添問題はどうなのか。

今さら、この件をもっと深追いせよ、と願う都民はごく少数だろう。都民の多くは、過去より今、目の前にある問題をどうするのかに関心がある。

現段階で小池都知事は出馬表明の際の3つの公約のうちの1つも実現できていない。それどころか、市場問題をいたずらに混乱させ、五輪の開催を危うくすらしている。にもかかわらず、小池の支持率は約70パーセント。下がり続けているとはいえ、まだ驚くほど高い。理由は、ただ一つだ。

筋の悪いワイドショー情報の洪水に見舞われた人々のなかにはまだ、「小池さんが今まで わからなかった『闇』を暴いてくれた」と信じ込んでいる人が少なくないからである。プロパガンディストとメディアによる洗脳の恐ろしさをあらためて思い知らされる。

ヒロイン誕生と敵役の登場

劇場には役者が必要である。出し物のドラマを流行《はや》らせるには、魅力的な主役はもちろんだが、よき敵役の存在が重要だ。

「小池さんのあれほど幸せそうな顔を見たことない。私がヒロインよ、という顔。今まさに絶頂だろうな」

永田町のベテラン国会議員がこう呟いた。

平成28年8月、女性初の東京都知事に就任後、連日メディアに追いかけられていた小池に対する感想である。

「この勢いが長続きして、東京はより良くなるでしょうか」

と私が問うと、

「彼女がどこまで本気で地方行政をやる気があるのか、によるよね。首都東京といっても、知事は地方行政の長であって国政とは違う。総理を狙う踏み台に、というような思いで臨むと大変なことになるかもしれない」

地方議員から永田町へ出た苦労人のこの言葉は、多くの示唆を含む予言のようであったと今は思う。

知事選での小池の闘いぶり、自作自演は見事だったと永田町の多くが認めていた。真夏の選挙戦とその後は、まさにヒロイン誕生の絶好のプロローグとなった。緑のハチマキ姿で「女一人の出発」と第一声を上げ、古い大組織との対決を鮮明に印象づけ、連日の街頭演説では、「何か一つ緑色のものを身に着けて来て」と呼び掛け、観客との一体感をつくりあげた。

出馬会見での妙な3つの公約の失態を巧く隠し、「東京大改革」なるスローガンとシンボルカラーの「百合子グリーン」で東京中を席捲し大勝した。当選後は一転、涼しげだが柔らかみも感じさせるアイボリーホワイトのパンツスーツに身を包み、余裕の微笑とともに初登庁した。

その姿を実際に見た都庁幹部は、

「正直、綺麗で華があっていいな、と思いました。初めのうち議会と多少摩擦があっても、だんだん落ち着くだろうし、都政が少し変わるのもいいかなと。まさか、こんな展開になるとは想像もしなかった……」

とふり返る。

ファッションの話ばかりで恐縮だが、小池劇場の重要な構成要素の一つなのでもう一つ例を挙げると、リオ五輪の閉会式での、雨中、上質の色留袖を着て五輪旗を振った姿がまた多くの人を魅きつけた。

金銭がらみで辞めた前二代の知事らに象徴される「オヤジ政治」との決別、代わって「クリーンで見栄えのする」女性都知事が誕生したことを多くの人が喜んだ。

「この人こそ東京の『顔』にふさわしい」と。

たしかに、小池は「顔」としては申し分ない。いや、良すぎるぐらいである。

昨今のテレビなどは、地方の首長選挙を「○○の顔を決める闘い」などと表現するが、いったいいつから、私たちは、地方行政の長に「顔」を求めるようになったのか。

1000万人近い有権者が一人を選ぶ東京都知事選挙では、他の選挙よりもいっそう候補者の知名度がものをいう。とくに90年代、青島幸男、石原慎太郎という国民的人気者が続けて知事となったこともあり、今や著名人以外の都知事候補などお呼びでない。

過去に、東京以外でも、タレント的な人が「改革」を標榜して知事となり、旧勢力と対決する構図でメディアの寵児《ちょうじ》となった例はいくつもあった。

長野県の田中康夫元知事（以下、敬称略）、宮崎県の東国原英夫元知事、大阪府の橋下徹元知事らである。

10年以上前のことではあるが、田中の初登庁の折、挨拶に赴いた先の県職員から名刺を折られたシーンは今も多くの人の記憶に残っている。

長野のあの愚をなぞるように、初登庁した小池の前に格好の「敵役」が姿を現した。選挙前から、小池との確執が伝えられた都議会自民党の面々である。

都議会自民党の責任者は、小池初登庁の1日前、新たに幹事長に就任した高木啓氏（以下、敬称略）だった。たまさか高木は、私の20年来の友人である。

新知事初登庁の日、高木ら都議会自民党の三役はそろって不在だった。

留守居役の議員が小池に対応したが、ツーショット写真の撮影を拒否した様子がテレビで流された。さっそく、都議会自民党には「大人げない」「イジメをやめろ」との激しい非難が殺到した。

元知事、その前の知事。私怨渦巻く人間関係

腹黒い狸オヤジどもに寄ってたかってイジメられる女性知事。理不尽な敵と闘うジャンヌ・ダルク。この日、テレビに愛されるヒロイン像がはっきりと定まった。

選挙戦の最中、自民党候補の応援に出た石原慎太郎が発した「厚化粧の大年増」なる不適切発言からの流れもあり、自民党サイドの男たちの小池への「仕打ち」は、小池劇場の序幕を一気に盛り上げることとなってしまった。

まさに自民党側のオウンゴールである。

「なぜ、あのとき小池知事をにこやかに歓迎しなかったの?」

しばらく後になって、高木に聞いてみた。政治家なのだから、そのぐらいの腹芸はできるでしょうに、と。

「前々から入っていたスケジュールどおり、あの日は議会の事務所に出る予定はなかった。それだけだよ」

高木は淡々と答えたが、「それだけ」でないことはわかっていた。

旧友だから褒めるわけではないが、高木は勉強家で政策に明るく、まじめに汗もかく政治家である。ただ、反面、融通の利かない頑固なところがあり、宣伝戦などまったく不得手、小池とは対照的なタイプだ。

就任の時点での小池の敵役は、自民党東京都連、都議会自民党、その2つを牛耳っていると言われていた「都議会のドン」、内田茂都議会議員（以下、敬称略）であった。石原慎太郎らが敵として本格浮上するのはもう少し後である。

内田茂の「都議会のドン」なる綽名《あだな》を喧伝したのは、平成24年、石原からの半ば禅譲のかたちで都知事となり、医療法人徳洲会グループからの資金提供問題で1年後に辞任した猪瀬直樹氏（以下、敬称略）であった。

猪瀬はのちに、いわゆる徳洲会騒動を「副知事になったときに清水谷公園横に建設予定だった参議院議員宿舎を白紙撤回したことで、千代田区選出の〝都議会自民党のドン〟都連幹事長（当時）の内田茂に恨まれていた。そのため、総務委員会が復讐の舞台になった」と言い、内田を「東京のガン」とまで言っている。

今もまだ公民権停止中の身である猪瀬は、小池の選挙のときから陰に陽にアドバイスを送っていた。

選挙戦の前、組織を持たない小池が、都知事選経験者である猪瀬に、闘い方について相談し、猪瀬が、自らが世話になった石原の選挙チームに相談してみたらと提案し、元秘書経由で話をつないだ経緯がある。

石原の側近の一人は、このとき小池サイドと話をしたものの、結局、小池の選挙は手伝わないことに決めたと明かしている。

小池と猪瀬は似たところがあるのだろう。石原の威光や力を利用したいときには近づき、役に立たないと思えば穴を掘って落とす、あるいはそれを黙認するようなことまでする。その猪瀬を、4年前の徳洲会の一件をめぐる都議会総務委員会で激しく追及したのが、高木であった。

「いいですか、知事。遊びじゃないんですよ」

と、猪瀬に迫る高木の姿が切り取られテレビに流れると、ネットの一部からは、

「偉そう。何様だ」

「猪瀬氏が自殺したらお前のせいだ」

「年長者に対して失礼だ」

という批判の声があがり、高木の事務所にも同じ趣旨の電話が入ったという。

「落選後の生活のために5000万円もの大金を貸してくれる人なんて常識的にいないん

ですよ」という高木の問いかけに対し、猪瀬は、

「親切な人だなあと思いました」

という、見方によってはおトボケとも映る答えをしていたが、テレビのお白洲では高木が悪役にされていた。

その後、司法の場で５０００万円は借入金と認められたが、猪瀬は公職選挙法違反の罰金刑と公民権停止の沙汰を受けている。

旧友の私の目で見ても、このときの高木のテレビ映りは、お世辞にもいいとは言えなかった。だが、ことは５０００万円の現金収受という具体的な疑惑である。追及が厳しくなるのも致し方なかったと思うが、今の日本の低次元なテレポリティクスの世界では、パッと見の印象がすべて。見目よろしくない政治家は徹底的に叩かれる。

その「常識」に高木は無頓着すぎた。

当時を思い出しながら、私は高木に忠告した。

「小池さんはテレポリティクスの人だからね。あなた方、都議会議員もつねに自分がどう見えるか、自分をどう見せるかを計算して行動しないとたいへんなことになるよ」

これに高木は、

「俺は古いタイプの政治家なんだろうね。そういうことは苦手だし、あまり考えたくない。

仕事をちゃんとやることしか……」

と答えた。

私の悪い予感は的中し、時がたつにつれ、高木や都議会自民党の面々はメディアによってモンスター化され、窮地に追い込まれていった。

内田への恨みでつながった小池と猪瀬。小池とのバトルで矢面に立つことになったのはかつて猪瀬を糾弾した高木。小池、猪瀬の2人がかつて頼った石原の存在。

さらにもう一人。初登庁の日、大勢の都庁職員に出迎えられる小池の後ろを一人の男がついて歩く姿が見えた。石原の側近として副知事を務めて辣腕を振るい、遠い昔には小池の父の書生でもあったという浜渦武生氏（以下、敬称略）だった。

浜渦辞任のとき、「首を取った（辞任に追い込んだ）」のも内田と言われていた。

小池の参謀として浜渦が都庁に戻ってくるのか？　そんな憶測が都庁内を駆け巡った。

過去からの因縁浅からぬ役者が揃って、小池劇場のプロローグの幕が開いた。

小池劇場の本当の始まり「盛り土がない」

「全都庁の職員をシュクセイしたい」

市場移転延期の宣言から10日目の９月10日、記者を前に小池は勝ち誇ったような表情でこう宣言した。このとき小池劇場本編の幕が切って落とされた。

シュクセイとは綱紀粛正の「粛正」であったのだろうが、わざと「粛清（反対分子を排除、抹殺する）」の文字を躍らせて煽るメディアもあった。

以後、テレビはほぼすべてのキー局のニュースからワイドショーまで、活字メディアも、全国紙から雑誌までがうち揃って、連日、豊洲市場の「疑惑」を煽り続けることとなる。小池の支持率は９割に達し、「正義の味方」として称賛されていた。

この９月10日の会見が人気絶頂へ上っていくきっかけとなったのだが、実は前日の９月９日まで、小池陣営には焦りの色があったという。

８月31日、小池は、約２カ月後の11月７日に迫っていた「築地市場の豊洲への移転を延期する」と発表はしたものの、延期期間の目途、業者に発生する損失への対応などがまったく示されなかったため、市場内外から疑問の声が上がり、それが批判へと変わり始めていたからだ。

ところが、９月９日の夕方、知事側へある情報がもたらされる。

共産党の都議グループが豊洲市場を視察した際、「問題」を見つけ、週明けにも記者会見し公表するとの話であった。

この情報を知事側に届けたのは某新聞社の記者である。権力の監視役であるはずのメディアのこの行為もいささか疑問だが、一連の小池劇場におけるメディアの異常行動は後の章で掘り下げることとしよう。

共産党都議団が見つけた「問題」とは、例の「盛り土がなかった」件である。豊洲市場の地下に降りてみたら、土壌汚染対策のためにしてあるはずの盛り土がなく、空洞があってそこに水が溜まっていた、という話であった。

小池側は、移転延期の決断を正当化する材料とすべく、情報に飛びついた。そして、都議会共産党の発表に先んじようと、土曜にもかかわらず記者会見を開いた。

結論を先に言うと、この「地下の空洞」は安全上、何の問題もない。それどころか、あって当たり前なのだと専門家は言う。

だが、テレビのワイドショーでは連日、「盛り土」なる言葉が連呼され、土の代わりに地下には「謎の地下空間」があり、そこに強アルカリ性の水が溜まっている……と、ひたすらオドロオドロしく、テレビの前の一般人の不安と恐怖を掻き立てた。

この悪質なプロパガンダの結果、今も豊洲市場の地下には底知れない土壌汚染があり、対策が不十分なまま欠陥建物がつくられたかのような風評が広がった。さらに悪いことに、市場のみならず、豊洲という地区全体が危険であるかのようなイメージが全国に広まってしまったのだ。

就任からわずかひと月で、行政地域の一部に自ら深刻な風評被害をもたらした知事というのは前代未聞であろう。このときまでは冷静に小池のやり方を見物していた私は初めて彼女のやり方に強い疑念を抱いた。

ここで明言しておくが、豊洲新市場も豊洲地区も安全である。

無責任なメディアは今でもまだ、「豊洲問題」などと表現するが、豊洲市場にも豊洲地区にも何ら「問題」はない。

何の問題もない豊洲市場に難癖をつけて移転を延期し、多額の損害を生じさせる問題を引き起こしたのはむしろ小池知事とその取り巻きであり、それを幇助《ほうじょ》したのは無責任なマスメディアである。

東京都議会は、今、目の前で起きているこの都政の大問題をこそ糾弾すべきではないのか。小池知事とその取り巻きを百条委員会に呼んではどうか。

「地下空間」は謎ではなく、あって当たり前

問題の「盛り土がない」件について、今も誤解があるようなので、専門家の発言を紹介

しながら解説しておきたい。あわせて豊洲市場の安全性についても概説しておく。

「地下空間は建物の構造上、存在して当たり前です。あまり当たり前すぎて、どうして問題になるのか理解できなかった」

こう語るのは、前出の佐藤尚巳だ。雑誌での私との対談のなかで、佐藤はつぎのように説明している。

「豊洲の空間の天地は4・5メートルあります。通常は約2・5〜3メートルですが、その大きさだと『人通孔』という直径60センチほどの穴をつくって、その穴を通りながら梁《はり》(幅80センチ〜1メートル)を通さなければならなくなる。排水管など無数の配管も張り巡らされているから、非常に複雑な状態で処理しなければいけないのです。

どこかでトラブルが発生したとき、あれほど大規模な施設で真っ暗闇の中、地下の空間を這って問題箇所にたどり着き作業することは非常に恐ろしいことなのです」

つまり、盛り土をしなくて正解だったということなのだ。

4・5メートルの高さで地下の必要な梁を取った上で、まだその下に2・5メートルの空間をつくることができた。この空間によって配管も自由に配置でき、問題が発生すれば自転車に乗ってすぐにメンテナンスに向かうことができるのだという。

佐藤は、平成20年10月29日に開催された第5回「豊洲新市場予定地の土壌汚染対策工事に関する技術会議」（以下、技術会議）での委員のつぎの発言にも触れた。

「地下空間の利用について、建物の外側に遮水壁をつくり、地下水の流出を止められるのであれば一つの対策法としてあり得る」

この時点で、東京都側にも、盛り土をしなくても問題はないという認識があり、地下空間を有効利用したいという考えがあったと見られる。

第8回の技術会議（平成20年12月15日開催）では、駐車場として使えないかという案も出ている。ただし、そうなると現状の深さから、さらに1・7メートルほど掘らなければならず、余計な工費と工期がかかるため、最終的には難しいと判断された。

これを見る限り、地下空間は、豊洲市場の設計を担当した日建設計の提案によってできたというわけでもなさそうだ。

佐藤によれば、根本的な問題は、技術者は当たり前だと思っていたことが、事務方の人たちには理解できていなかったことにあるという。

これは、小池劇場という現象を見る上でのきわめて重要なポイントだ。

専門家とそれ以外の人の知識と理解の差。そこへ、知識ある者がつけ込めば、一般人が「謎」と思うような風評・デマをつくり出し、不安を煽ることも容易である。

豊洲市場の安全は都が確認済み

佐藤によれば、全国的な大騒ぎとなった「盛り土問題」の核心は、技術者と事務方のコミュニケーションの齟齬《そご》にあった。土壌汚染対策として盛り土をしても、これだけの地下空間をつくらないといけない、としっかり説明できていなかったのだ。

その地下空間に水が溜まっていたことも問題ではないと佐藤は言う。

「水が心配であれば、地下に監視カメラを設置して、地上のロビーに映し出せばいいのです。空気の成分を時間ごとでもいいから分析して表示する。少しでも異常が見つかれば換気し、排出させればいい。それだけのことです」

技術者と事務方のコミュニケーションのミスは、仕事ぶりとしてよろしくはない。だが、その中身の軽重の確認もせず、異例の土曜会見を開いて、「シュクセイ」だの何だのと大袈裟に言い立てるなど、行政の長たる知事のすることか。

これが果たして正しい情報公開のあり方かと考えると、大いに疑問である。

さらに悪いことに、このあとマスメディアと一部のＰＴメンバー、一部の都議会議員らが煽ったこともあり、結果として、多くの人を一種のパニックに陥れた。行政のリスクコミュニケーションという点では最悪、その指揮者として失格ではないか。

一方で、奇妙かつ忌々しきことに、都民が「安心」を得るに必要な重要情報は積極的に広報されていない。

その一例は、平成28年12月28日に、東京都が豊洲新市場の建物の安全性確保と建築基準法に適合することを証明する「検査済証」を発行した件だ。豊洲の建物に関する「安全宣言」に等しいこの事実を、小池率いる東京都は2月下旬まで公表しなかった。

豊洲市場の建屋についても、「盛り土」と同様、テレビが、「柱が曲がっている」と根拠なくセンセーショナルに報じていて、都民の多くに誤解と不安が広がっていた。こういうときこそ行政は、都民に安心感を与えるため、普段より強力な広報が必要なはずだが、小池が、検査済証発行の翌日からの年末年始の休みを返上し会見を開くことはなかった。

2月の都議会定例会で、自民党からの代表質問において、検査済証の発行はなぜ公表されないのか、このことを知事はいつ知ったのか、建屋の安全性をどう認識しているか、と質されたときの小池の答弁はつぎのようなものである。

「同法に基づく完了検査等の手続きにつきましては、ことしの1月に市場当局から報告を受けております。そして、検査済証の交付によりまして、建築基準法に基づく安全性が確認されたものと認識をしております。なお、市場当局におきまして、ホームページで公表することとなっております」

この答弁も役人が書いた原稿を読んでいるのだろうが、整理すると、

① 検査済証の発行について1月に報告を受け、
② 安全性が確保されたと認識しながら、
③ 公表はしなかった。
④ 議会で質問されたので、これからホームページで公表する。

これが、小池流の情報公開だ。

まさにご都合主義、都民よりも自分ファースト、である。この点については、マスメディアにも猛省を促したい。

豊洲市場の「柱が曲がっている」という誤情報を流したテレビ局は、そのときと同じ熱意で都議会でのこの問答や、豊洲の建屋の安全性が確保されたことを報じたのか。

デマを流すことにのみ熱心で、正確な情報を発信して人々に安心をもたらすことを怠る

都知事とマスメディア。
この不埒《ふらち》な二者こそが目下の私たちの敵である。

第2章　石原慎太郎という敵

84歳、病身の石原に容赦ない者たち

平成29年2月に初めて会うまで、元東京都知事、石原慎太郎との間に面識はなかった。もちろん、たびたびベストセラーを世に出した人気作家であり、国民的俳優だった故・石原裕次郎の兄でもあり、政治家としても話題を撒くことの多かった石原を知らないわけはなく、政治家として現役の頃には、記者会見やパーティでその姿を見たこともあった。


初めて面と向かった石原は、胃の下あたりを押さえて弱々しい声だった。

「腸の調子がよくないんで、今日は病院に行ってきたんです」

聞けば、敏感性腸症候群だという。

私も一度だけ経験があるが、この病はなかなか辛いもので原因はストレスとされる。今の石原に、何が強いストレスとなっているかは聞くまでもなかったが、高齢の身には負担が大きかろうと思った。

「こんな体でね、でも、屈辱というのを甘んじて受けることだけは耐えられない。逃げ回ってるとか言われるのは我慢ならないのでね、3月3日に会見を開くことにしました」

私たちと目を合わさずにそう言った後、今度は顔を上げニコッと笑いながら、

「一発でもね、パンチを当てたいよ」

とファイティングポーズをしてみせた。

石原が魅力的な人物だから、「パンチを当てる」手助けをしたいと思ったわけではない。小池とマスメディアと世間が、数カ月にわたって執拗に続けていた石原への不当で悪質な攻撃に私は納得がいかず憤っていた。

怒りは、この日、一緒に石原に会いに行った文芸評論家・小川榮太郎氏（以下、敬称略）も共有していた。

石原との面会の2日前の夜、小川から電話があった。電話の向こうで小川は声を震わせていた。

「有本さん、これ何？　僕、今実家に帰っていてテレビを見たんだけど、石原慎太郎さんへのこの仕打ち、これ酷《ひど》すぎるよ」

腹を立てた小川が即、私に電話をしてきたのには訳があった。

小川と私は、「虎ノ門ニュース」というCSテレビのニュース番組で共演していた。昨年12月、その番組内で私が、カメラクルーとともに取材した豊洲新市場の内部の様子を映像付きで伝えたことがある。

地上波放送は相も変わらず、やれ盛り土だ、地下水だと、ありもしない危険を煽っていたが、私は「豊洲市場は安全であるだけでなく、現代の食品衛生、流通のスタンダードに適う施設であるから、小池知事は一刻も早く移転を決断すべき」との趣旨で説明をした。

隣で私のレポート映像を見ていた小川はつぎのようにコメントした。

「僕はこの問題、よく知らなかったんだけど、小池さんは、この立派な施設を遊ばせているの？　地下水が危険と言うけれど、今の有本さんの話だと飲んだりしないものでしょ。地下にあるだけで、何が危険なの？　地下にあるだけの水が危険だというなら、東京にいる僕らはみんな空中に浮いて生活しなければいけなくなるね」

小川のコメントはこの騒動の欺瞞《ぎまん》を喝破していた。

地下水は飲みもしないどころか、清掃にさえ使わない。このいちばん大事なことを、小池やマスメディア、共産党や小池シンパの都議会議員らは言わない。

安全性を適切に説明すべき彼、彼女らは、風評を煽る側に加担し、酷い者は「汚染水で洗った魚など食えるか」という暴言を拡散する始末だった。

地下水について説明しておくと、小池とメディアが騒いだ「水」があるのは、地下3階に相当する6メートルの深さのところだ。セリ場をはじめとした食品を扱う施設はすべて地上１階より上にある。その地下３階相当のところにある水は、地下水管理システムのなかの立派な濾過《ろか》装置を通ってベンゼンから何からが浄化されて下水管へとただ捨てられる。この排水に汚染物質が混じっていても、地上で扱う食の安全とは何ら関係はない。

国の法律（土壌汚染対策法）でも、地下水を使用しない豊洲のような地域に求められる土壌汚染の対策は、所定の厚さのコンクリートやアスファルトでの被覆のみである。

環境リスク学の専門家らも「土壌や地下水の汚染と人体の接触経路が断たれていれば問題なし」と言っている。にもかかわらず、小池派とメディアの大騒ぎはやまなかった。

ありもしない危険を言い立て人の不安を煽って利を得るなど詐欺師の手口だ。電波で全国に轟《とどろ》かす巨大な「詐術劇場」のなかで、寄ってたかって石原をイジメていたのだ。

石原慎太郎に会いに行く

小川とは、12月のこの番組で「小池都政」への問題認識を共有した。以後会う都度、私から最新の情報を伝え、意見交換などしてきた。

その小川の怒りが２月に爆発した。

想像してみたのだが、小池百合子は、仮に今も、石原が往時のように元気で、何らかの権力の座にあったとしたら、石原を「敵」としただろうか？　今の安倍晋三総理にケンカを売らないのと同様、笑顔で仲良しムードを演出したのではないか。

一方、私や小川は、石原と面識もなく、当然、義理もなかった。それに引きかえ、小池含め、往時の石原にまつわりついて称揚していた人たち、世話になった人たちの今の沈黙ぶりはどうしたことか。

小川は、怒りの電話を私にかけてきた晩の翌朝すぐ、石原と長い付き合いで信頼を得ている人物と連絡をとっていた。そして、同日の昼過ぎ、また私に電話をよこした。

「明日、石原さんに会いに行こう」

半年以上にわたり、メディアの執拗な付きまといに遭っていた石原は、3月上旬に記者会見を開くと告知していた。だが、小川は、石原に会ってその会見を中止するよう説得すると言い出した。

「会見なんか無理だよ、あの様子では。何しろ脳梗塞やってるんだよ。とにかく石原さんには会見をやめてもらって、その代わり、僕と有本さんとあの方（今回の面会をセットしてくれた人物）と3人で記者会見を開こうよ」

小川は会見で、石原の体調と、政治家を引退した今の石原をメディアが追いかけ回すのがいかに筋違いかを説明しよう、と言う。

「市場の問題は、有本さん、あなたがメディアに詳しく説明すればいい。この件で石原さんの責任を追及するのは筋違いだって。小池知事が間違っているんだと」

小川のこの言葉には痛いほど共感した。

文芸評論家である小川は、かねてから石原文学を高く評価していた。その石原が今、いわれなきことで叩かれ、不当に名誉を棄損される様子をこれ以上見ていられないと言っていた。

私はというと、政治を取材する者として、政治家・石原慎太郎を高く評価していた。それは石原のイデオロギーに共感するゆえではなく、あくまでも都知事としての実績への評価である。政治家なら誰にでも功罪はあり、それは石原とて例外ではないが、いくつかの失策、未達の件を差し引いても、石原の東京都政への貢献はきわめて大きい。

財政再建団体への転落一歩手前だった東京の財政を黒字化したことや、ディーゼル規制で東京の空を綺麗にしたことは多くの人の記憶に残る成果だが、市場の件でも、長年、厄介な政争の淵にはまり込んでいた関係者をまとめ上げ、移転の大事業を前に進めたという点で、石原は功労者だと思っている。

私たち２人は石原への義理からではなく、それぞれ自らのフィールドから石原を見、評価しながら、小池の仕掛けた石原への人民裁判を眺め、憤っていた。

だが、ひょっとするともう一つ、たまさか私たち2人に共通していた別のこともわずかに影響したかもしれない。

小川も私も、この1年内に父親を見送っていた。

「年とった自分の父親がこんな目に遭わされたら、俺はあいつらをタダじゃ置かないよ」

一度だけ、小川が私にこう言ったことがある。私はそれを思い出し、

「小川さん、私が石原さんの娘なら何としてでも父親を止めて私が会見するわ。でも、そうじゃない。いきなり現れたどこの馬の骨かもわからない私たちに止められるはずがない。それとね、下衆と思うかもしれないけど、私も久しぶりに石原節を聞きたいわ」

私は小川に別の提案をした。

それは、私たちが石原の本当の声をきちんと聴いて、記録、できれば映像のある動画に残しておくことだった。

記者会見では必ず、意地の悪い記者、事の本質を理解できていないレベルの低い記者が石原の揚げ足取りをするはずだ。会見後、テレビは、石原を悪者に見せるに好都合な場面だけを切り取って、しつこく流すにちがいない。

その前に、私たちが石原に、市場の件や、今の心境などを聞くインタビュー動画を撮っておき、会見前には、会見を邪魔しない程度に一部をインターネットなどに流し、会見後

はフルオープンにするなどして、メディアの切り取りによる印象操作に対抗するというプランだった。

取材者である私のわがままなリクエストの入ったこの動画作戦は、石原サイドにも受け入れられ、数日のうちに撮影の運びとなった。結果としてこれが、記者会見前に唯一、映像入りで石原の肉声を収めた「独占インタビュー」となったのである。

石原家が受けていたメディアからの人権侵害

あらためて平成28年9月からの石原に関するテレビ報道のＶＴＲを見ると、実に酷い。石原の自宅前の路上にはテレビ各局のカメラがずらっと据え付けられ、女性レポーターが「今日はまだ動きはありません」などと硬い表情で喋っている。

まるで籠城する犯罪者を見張っている様相である。

初めて会った日、小川を相手に上機嫌に文学の話をしていた石原が、家を取り巻くメディアのことに触れた途端、不機嫌になった。

「毎朝、家の前に記者がいて散歩にも出られない。ご近所迷惑だし、庭に勝手に入ってプライバシーは侵害するし。警察が来てくれたこともあったけれど……」

かつて政治権力の座にあったとはいえ、今の石原は政治の世界を引退した一民間人である。最近でもベストセラー作品を書く現役の作家ではあるが、目の前にいる石原はまぎれもなく脳梗塞の後遺症に苦しむ84歳だった。

一老作家を、何の疑獄かもはっきりさせないまま、半年にわたって全メディアが監視下に置く。そんな恐ろしいことがこの日本で許されていいのか。

後日、石原の自宅を訪ねた日、帰りに玄関を出る私たちを待ち構えるようにビデオカメラを向ける者があった。実体験してみていっそうはっきりとその異常性を感じた。

かつての権力者にならば何をしても許されるのか。

石原慎太郎のような〝強そう〟な人に対してなら、どんな酷いことをしてもいいと思っているのか。それとも、権力の座から離れた前任者は必ず吊るされる隣の国の「伝統」にでも影響されたのか。

もしも私が石原の親族であったなら、この半年にも及んだ不適切な「取材」行為を、石原夫妻に対する「メディアレイプ」であり人権侵害だとして訴えただろう。

帰りの車中で私は小川にそう言い、出演したテレビ番組でも同様の発言をし、テレビの制作に関わる人たちにもそう伝えたが、当初、世間の目は私にも厳しかった。

「あの石原を擁護するなんて」と。

それほど、日本の「世間」なるものは狂っていた。

石原個人に賠償させるという異常

年が明けた1月、小池サイドは石原への攻勢をさらに強め、クレイジーとも思われる策に出た。内容を述べる前に、これはいずれ小池自身の首を絞めることになりかねないと予告しておく。

前年秋、自らの延期の決断を正当化するため、小池は「盛り土問題」に飛びつき、一定期間、世間の目をくらますことに成功したが、年末には豊洲の建屋の安全が確認され、これでは政争を引っ張れない状況が見えてきていた。

そこで新たなネタとして目を付け、引っ張り出したのが、平成24年、東京都と石原に対し起こされたある住民訴訟である。

訴えの内容は、「都が豊洲の土地を578億円で取得したのは違法だ」として、「石原慎太郎元知事に購入金額全額を請求するよう求める」というもの。そのなかで、「環境基準を大幅に超える土壌汚染が見つかったにもかかわらず、都が土壌汚染対策に必要な費用を考慮せずに違法に高額な金額で取得した」と主張しているという。

司法の判断はいずれ出るだろうが、何とも頓珍漢《とんちんかん》な訴えである。

この種のクレーマー的訴訟はよくあると聞くが、行政側としては、都庁という機構がルールに沿って意思決定し執行したことであるから合法、「個人に賠償責任はない」とのスタンスで迎え撃つのがふつうである。

ところが、あろうことか小池は、これについても「立ち止まる」と宣言、訴訟代理人の交代と訴訟対応特別チームを立ち上げると言い出した。

つまり、石原個人への賠償責任追及を都が容認するということだ。

何が何でも前任者を罪人に仕立てようとする、まるでお隣の国かと見紛うような妄執に小池が駆り立てられている。その真の動機は不明だが、ともかく、この訴訟のおかしいと思われる点を具体的に説明しておこう。

まず、石原も会見で述べたように、土地の購入にあたっては、価格や条件が妥当かどうかを、都の担当部署が検討、さらに条例が定めた諮問機関「財産価格審議会」で、専門家を含む審議がされ、その諮問を受けて裁可（意思決定）されている。関連する予算の執行について議会の承認も受けている。

よって、土地取得のプロセスの手続きに瑕疵《かし》はなく、合法と見るのがふつうである。

ちなみに、東京都中央卸売市場のウェブサイトによると、豊洲市場の用地取得の費用は約1980億円。平米単価は、50万円弱。大規模な土地の売買では単価が安くなることを考慮に入れても、当時の豊洲地区の土地売買の平均平米単価70〜80万円と比べ格安である。

その後、東京都が行った土壌汚染対策費用858億円を加算しても、平米単価はまだ安い。よい買い物だったという見方もできるのではないだろうか。

また、訴えには「環境基準を大幅に超える土壌汚染が見つかったにもかかわらず」とあるが、地下水を使用しない豊洲で、環境基準（飲み水基準）を超える土壌汚染が仮にあったとしても、法令上必要な対策は十分可能であり、都が望むほかの諸条件を満たしていたことなどに鑑みれば、購入を見合わせるほどの障害とは考えにくい。

この場合の法令（土壌汚染対策法）上、必要な対策はコンクリート等での封じ込めであり、本来さほど高額になるわけでもない。

要するに、この訴えは、「環境基準」といういかにも正しそうな、その実、この件に関係のない高い「基準」を持ち出し、火のないところに火をつける類のものと見える。

ただ一つ疑問が残るのは、ではなぜ石原都政では法令以上の高いレベル、高額な土壌汚染対策を実施したのか、であるが、その説明の前に小池の石原叩きに話を戻そう。

石原は「話せばわかる」と楽観視していた

平成28年9月から、小池側が石原を悪者に仕立て政争に利用していたことは明らかだった。そのせいで石原はメディアの執拗な付きまといに遭っていたにもかかわらず、

「うちの先生はそれでも、いずれ小池さんはわかってくれる、と楽観視していました」

と石原のスタッフは言う。

わかってくれると思っていた石原は、小池と一対一で話そうと自ら知事室へ電話をしたこともある。だが、小池にはつながれず、代わりの者に、「関係者の揃うところへ一人で出て来るよう」言われたという。

平たく言えば、このとき石原はナメられていたのだ。

小池サイドは、今の石原が高齢で病後であり、政治家時代のスタッフもおらず、記憶も心許ないことを見て取っていた。

人のよさを見せていた石原も、年が明け、先述の住民訴訟の件やら、小池が石原の次男・良純氏についてまで言及したあたりで考えを改める。知事時代のスタッフを呼び集め、顧問弁護士とも真剣に対応を協議し始めた。

一方、さらに忌々しき事態が進行していた。知事の暴走を止める役割を負うはずの東京都議会が、小池の尻馬に乗るようにして、石原を「百条委員会」に引っ張り出すことを全会一致で決めていた。

この件で私は、都議会自民党の幹事長を務める旧友・高木啓を責めた。

「市場問題を、過去の経緯も含めよくわかっている都議会自民党までが賛成して、今さら、引退した80過ぎの石原さんを百条委員会に呼んでいったい何を『暴く』つもり？　都議会が今、追及すべきは現知事である小池さんの不作為ではないの？」

責めはしたものの、高木の苦しい立場もわからなくはなかった。

小池応援団に堕したメディアによって悪魔化された都議会自民党は、小池旋風の前に無力だった。わずかな人数ではあったが、半年後に控えた都議選をにらんで会派を離れようとする者も出始めていた。

悪い状況をさらに助長したのは、都議会議員の上にある自民党東京都連の幹部や党本部の煮え切らない態度である。自民党本部は二階幹事長らが小池人気の風を利用しようという下心から、党の方針に反した小池たちへの処分に腰が引けていた。

私の非難を、高木は黙って聞いていた。

「都議会自民党はいつになったら、闘うの？　都政を支えてきたという自負があるなら、その誇りを賭けて闘うべきではないの?」

この半年、何度も高木にぶつけた同じセリフをまたぶつけてみた。

「俺たち議会人の主戦場は議会であってメディアじゃない。今までも知事に対して質すべきことを質しているのは自民党だけだよ。でも、メディアはそこは取り上げないんだな。石原さんのことは、ご体調がすぐれないと漏れ聞いているけれど……」

たしかに、都議会自民党は議場で、地味にいい仕事をしていた。

2月の議会では、東京都が12月28日の仕事納めの日に、豊洲市場の建屋の安全宣言ともいうべき「検査済証」を出していたにもかかわらず、その事実を広報していなかった不作為を高木自身が代表質問で突いていた。

豊洲市場の安全と同じく、都議会自民党のナイスプレーは報じられない。今までにない凄まじい逆風のなかで、しかし高木は驚くほど冷静であった。

その後、石原に会った折、都議会のだらしなさを話題にしたことがある。石原からは最初、意外な言葉が返ってきた。

「サルは木から落ちてもサルだけど、政治家は選挙に落ちたら政治家じゃなくなる。みんな選挙が気になって言いたいことも言えないんだろう」

自分を不当に吊るし上げようとしている議員らに石原は同情的だった。

「でも、議員たるもの、この場面で闘わなければいつ闘うのかと思います」

と私が言うと、石原がうなずくようにしながら答えた。

「この議会の沈黙は恐ろしいですな。政治家なら、時には政治生命賭けてでも言うべきことは言わなければならない……。男なら、ね」

最後は石原節だった。

ちょうどこのころ、高木の周辺にも変化が起きていた。ある人物が、自民党東京都連の幹部らを飛び越えて、都議会の責任者である高木との直接会談を申し入れてきたのだ。

行政が個人の「記憶」に頼るという嘘

平成29年3月に行われた石原の記者会見と百条委員会。

この2つの「追及劇」ほど、バカバカしい茶番はなかった。日本中がこれに大騒ぎをすることに私は戦慄《せんりつ》をおぼえていた。

行政はもちろんのこと、民間であっても組織の業務は、個人の記憶をもって為されるものではない。後日、検証が必要になった場合も、それは個人の記憶をたどるのではなく、規則に従って残された「記録」から検証されるべきである。

誰かの記憶で、行政の事々が左右されるようでは住民は堪ったものではない。

そのバカげた罪深い茶番が、現代日本の首都で延々繰り広げられていた。

平成28年の10月に、小池が石原に対し、回答期限1週間として出した、計30項目以上にわたる質問状にはその欺瞞が全開にされていた。

質問の第1の項目はつぎのようなものである。

（1）1999年4月23日に東京都知事に就任された後、9月に築地市場を視察し、「築地市場は古くて狭い」「アスベストの危険がある」として、市場として不適切であるとの感想を述べられた。それは、誰からのどのような説明、根拠に基づくものだったのでしょうか。

1999年といえば、17～18年前のことだ。

私は石原より30も歳が若く、都知事ほど大きな仕事をしたこともないが、18年前の自分の仕事について思い出せと言われても容易でない。小池は、胸に手でも当てて20年近く昔の自身の仕事の細かな経緯を思い出せるものかどうか試してみたらいい。

仮に、石原がこれを鮮明におぼえていたとして、それが何だというのか。

繰り返しになるが、行政の仕事を個人の記憶に頼ってどうこうするなど禁じ手だ。そして、市場および東京都の関連資料や報告書、古い報道資料を読めば、昭和60（1985）年の時点ですでに築50年だった築地市場が、消防庁から、「建て直しもしくは移転」を勧告された事実や、それを受け1990年代初頭に、築地での再整備工事を試み、400億円を費やした挙句、断念した経緯が明瞭にわかるはずだ。

アスベストについては、小池自身が築地市場を視察したときの画像のなかにも、アスベストが使われた屋根を見下ろしている1枚がある。建物内にも、封じ込めがされているものの、アスベストが多く残るところがあるが、そこも自身の目で見たのではないか。封じ込めされていても、地震などで壊れればアスベストは飛散する。工事で壊す際にも同様で厳重な飛散対策が要るから、営業しながらの再整備工事など、どだい無理な話だ。

豊洲の地下6メートルにある使いもしない地下水のベンゼン濃度を云々する前に、築地の建物に今ある危険と違法性を取り除くことが、行政の急務であることは誰の目にも明らかだ。それだけのことを知るのに、引退した3代前の都知事に記憶を辿ってもらう必要などあるはずがない。

こんな茶番を一切断罪もせず、それどころか、小池の尻馬に乗って「石原叩き」に狂奔する大メディアがもはや完全に機能不全に陥っていることもまた明らかであった。

風向きを変える力があった石原の言葉

3月3日午後、石原の記者会見は民放テレビ各局のワイドショーの時間に合わせるように行われた。会場は、東京の日本記者クラブ。ここは驚くほど閉鎖的な場所で、メディア会社に所属していないフリーランスの取材者は基本的に会見に参加できない。

メディア会社に所属しない私も参加できなかったが、同じ時間に全編をインターネット中継で見ていた。

石原の話は、滑り出しのところでは小気味よいパンチが効いていた。

「小池君のランニングドッグのメディアに追いかけられて迷惑している」

ランニングドッグ＝手下、子分という意味だが、同じ意味の英単語がいくつかあるなかで、これを選ぶ石原の言語センスはやはり冴えていた。

余談だが、小池もよく英単語を混ぜて話す。選挙公約にも、ダイバーシティ（多様性）という言葉など入れているが、流行りのカタカナ語を弄《ろう》するコンサルタントか広告代理店の人のプレゼン用語のようで、妙味を感じない。

3・3石原会見の評価は、見る者によって大きく分かれた。

この日の石原はさすがに84歳という年齢や、病後の衰えを感じさせた。私と小川がインタビューした際もそうであったが、頭のなかに言葉はあるのに発語できないと見られる場面が幾度かあり、脳梗塞の後遺症が深刻であることは明らかだった。

そのため、記者との応酬力（やり合う力）は往時に程遠く、そんな石原をせせら笑うように嵩《かさ》にかかった物言いで「責任逃れの恥さらし」と言う記者もいた。

翌日の新聞は案の定、石原会見を批判的に伝えた。

知事現役のころに「天敵」のような存在だった朝日新聞は、「居直り1時間」という、はなから罪人扱いかという見出しを打って伝えていた。

石原に世話になってきたはずの産経新聞含め、大メディアは大同小異であった。「無責任」「言い逃れ」「他人のせい」「記憶にない」などの言葉が躍る、歪曲報道。石原も周りの人々もがっかりしたようだったが、救いはあった。

インターネットで中継を見ていた人たちの反応は、大メディアの伝えぶりとかなり違っていた。石原の発言の何が問題か、という疑問の声のほか、むしろ記者たちの無礼な物言いや無知ぶりに非難のコメントが多く書き込まれた。

一般の匿名ネット視聴者のみならず、政治や法律の専門家、プロの論客からもいくつか石原を擁護する声があがり、同時に、半年の間、政争以外に何の成果も見られない小池への批判もようやく出始めた。

とくに、30代の若手論客や研究者らから、イデオロギーや義理からではなく筋論からの石原擁護の声があがったことは大きな救いであった。現役都知事という権力者が筋の通らないことで前任者を吊るし、それをマスメディアがはやし立て娯楽とする醜悪な状況に、日本も酷いことになったものだと絶望しかけたが、ひとまずほっとした。

石原を擁護した若き専門家、論客のなかには、理性的な批評をする一方で、石原が発した言葉に心を動かされていた者もあった。


「科学が風評に負けるのは国辱」

「司々に任せ、上がってきたものを部下を信頼して裁可した」

「安全と安心をごちゃごちゃにして無駄な金を垂れ流している」

「生殺しのままほったらかしにされている築地の業者の人たちが気の毒」


生まれてこの方、好景気を知らない今の40代以下の人たちは、上の世代に比べ、ものの見方、考え方が現実的である。言葉遣いは綺麗だが、独りよがりで不安を煽ることばかりの小池の言葉には騙されにくい。

むしろ、「暴言・暴走老人」と自称してきた石原の言葉のなかに、知識人や学識者を重んじ、部下を信頼する姿勢、都民を大事にする良心を感じ取っていた。

マスメディアがこき下ろした石原の会見から、間違いなく世間の空気が変わり始めた。

会見から1週間後の赦しがたい「免罪符」

何度でも繰り返し指摘しておきたいが、いったい記者たちは石原のどんな「責任」「疑獄」を追及したかったというのか?

会見の時点で、問題にされていたことはおもに、「土地取得の経緯」と、それに絡む「瑕疵担保責任の免除」についてであった。

まず、土地取得は、立地や広さといった諸条件から最適と判断された東京ガスの土地を交渉の末、東京都が購入したという比較的シンプルな話である。

豊洲の土地に白羽の矢が立てられた経緯は、石原が語っていたとおり、石原の前任者である青島知事の時代からの「既定路線」であった。この石原の発言にも疑いの目が向けられ、記者から質問が飛んでいたが、このことは、石原本人のみならず、当時の石原の秘書の一人が、青島からの引継書のなかに豊洲の文言があったことを記憶していた。

会見から1週間後の3月10日、つぎのような記事が出た。

青島氏→慎太郎氏　引き継ぎ書類に「豊洲移転」明記
豊洲市場（東京都江東区）への移転問題で、1999年に東京都知事に就任した石原慎太郎氏に対する青島幸男元知事からの引き継ぎ書類に、築地市場を豊洲に移転させる方向性が記されていたことが10日、関係者への取材で分かった。都議会の調査特別委員会（百条委員会）に都が提出した資料に、この引き継ぎ書類が含まれていた。

たった数行の目立たない記事だった。

今でも、石原が、自らの利権のために強引に、問題のある（実はない）豊洲という土地を移転先に決めた、との誤解をしている人が少なくない。

これはメディアから石原が受けた酷い風評被害である。

社によってはベタ記事ですらないネット版のみの数行で、石原へのこの風評が払拭され、メディアが免罪されるはずがない。メディアはこの責任をどう考えているのか。

小池劇場という恐ろしい事態は、メディアとの共犯関係なくして成しえなかった。メディアの罪を私たちはけっして見逃すべきではないのである。

百条委員会という名の人民裁判

3月20日、石原は、都議会の百条委員会に証人として出た。石原の病状を考慮し、医者２人が待機、質疑時間は１時間まで、座ったままでの質疑応答という異例のかたちでの証人喚問となった。

小池サイドや世間はそう思っていなかっただろうが、３日の記者会見の後、百条委員会までの間、石原の体調はかなり悪かった。この間に私は計３回、石原と会ったが、うち２度は雨が降ったりやんだりの日で、皆で話をしている間ずっと石原は頭の上部を手の平で押さえて頭痛をこらえていた。

都議会事務局との打ち合わせの席で、１時間という時間制限を延ばせないか、という小池側議員らの要望を伝える事務局職員に、石原の秘書が、「うちの石原を殺す気ですか？」と気色ばんだと聞くが、さもありなんの体調であった。

私事だが、亡き父も70代で軽い脳梗塞をやったのでたまさかこの病を少しは理解している。後遺症の軽重は人により異なり、他人に理解されづらいケースもある。私の父は、体の麻痺はなかったが、よく頭痛を訴え、字を忘れたために得意だった筆も持たなくなった。私たち家族でさえ、はじめは筆を持たない父を怠けていると誤解した。

百条委員会の冒頭、自身の病状を石原が話し、脳梗塞の後遺症で利き手の麻痺と記憶障害があり、ひらがなも忘れたと述べたとき、世間では二通りの反応があった。

本人や家族、身近に経験者がいる人は石原の事情を理解し同情的だった。

一方、この病気に無知で他人を叩いてナンボのタレントたちはまたも石原を罵倒した。医療関係者からはこれを諫《いさ》めるコメントが相次ぎ、今わが国で、介護が必要となる原因1位の脳梗塞という病気への無理解を嘆く声もあがった。

メディアの異様な空気に呼応して、東京都議会百条委員会もまた暴走していた。都議会が、「地方議会の裁判」と呼ばれる百条委員会まで開いて、民間人を喚問するとなれば、その人の人生をも左右しかねない。呼ぶか否か、そもそも百条委員会が必要か否かは慎重の上にも慎重に検討されてしかるべきだ。

百条委員会は議会の機関で小池知事は直接関与するものではないが、今回の百条委員会が、小池政局の煽りで設置に至ったことは誰の目にも明らかだった。

この「バックに小池あり」の百条委員会の問題点をつぎに挙げておく。これらはいずれ大きく問題にされるべきことである。

（1）証人喚問の連発

証人は宣誓し署名捺印までさせられ、証言をする。百条委員会は重いのである。その場へ、浜渦、石原両氏までの日程で計22名を呼び喚問した。喚問を乱発したにもかかわらず、何の成果も得られていない。自民党以外の会派はさらに際限なく呼ぶ気配もあった。狙いはこの件を引き延ばして政局と選挙に利用することと思われたが、石原への喚問で世論の流れが変わり、あきらめた。あの程度の話を聞くだけであれば、記録を精査するだけで事足り、補うにしても参考人招致で十分であった。

（2）非人道性

ある日の喚問中、証人の証言中に「嘘つけ、偽証だ」というヤジが傍聴していた議員から出ていた。

石原のときには、テレビでの生中継が入るため、議員らは丁寧な言葉で話しかけたが、事前には理事らから非人道的な発言があったという。石原の病状について「診断書を確認させろ」「脳梗塞の専門医の所見を聞け」と言う者や「30分でも15分でも延ばせないか交渉しろ」「2、3回に分けろ」と言う者がいた。こうした非人道的な大騒ぎの挙句、脳梗塞を患った84歳に彼、彼女らが聞いたことはすべて都庁内の資料を読み込めば十分わかることだった。

（3）記録の管理、セキュリティ情報の漏洩

証人喚問のための記録の閲覧は、企業（今回は東京ガス）の機密も含まれる可能性があるため、記録そのものはもちろん、保管場所や方法も厳重に管理されている。

しかし、ある議員は自身のSNSでこれらのことがわかるような情報を流し、東京ガスからクレームを受けた。他にも、記録の入った段ボール箱の山に囲まれた写真を撮り、お祭り騒ぎ的にSNSにアップしていた。不謹慎極まりなく、事の重大性を理解していないものと思われる。

（4）怪文書的メモの存在

旗色が悪くなってからは騒がなくなったが、小池派議員らが、「土壌Xデー」なる文言が書かれたメモが見つかったと騒いでいた。

自民党の都議はこれを不自然だと言っていたが、マスメディアは例によって小池派の尻馬に乗り、「新事実発覚！」と報じた。

仮にこのメモが本物であっても意味はない。交渉段階でいずれかに少々強気の発言があったにしても、重要なことは、最終的に東京都と上場企業である東京ガスが適正な手続きで売買をしたかどうかである。政治的圧力が関係したかのような印象を与える無意味な小芝居はすべきでなかった。むしろこの不自然なメモが偽物であればそちらのほうが大問題である。

石原の百条委員会は、祝日の午後に行われたためか、テレビのほぼ全局が生中継で伝えた。この狂乱ぶりを何としよう。しかし、小池の「紅衛兵」と化し、テレビカメラの前で正義の味方を演じるつもりだった都議たちは、84歳の石原慎太郎に貫禄負けし役者の違いを見せつけられただけで終わった。

都民の税金を無駄遣いしただけの世にも愚かな政治ショー。その場で、都議たちがカッコよく「解明」して見せようとしたが、能力不足のためにできなかった事柄を代わりに本書が解説して差し上げることとしよう。

石原はどうして、法令の基準をはるかに上回る土壌汚染対策を、大枚はたいてまで実施したのかについてである。

民進党、公明党の欺瞞

今に限らず、市場問題は長年にわたって政争の具にされ続けた。

石原都政時代に行われた、法令の定めるところを大きく上回る――地下水を環境基準以下にすることを目指した――過剰な土壌汚染対策はまさにその政争の産物であった。

私の手元に、ある人の私信のコピーがある。

差出人は現在、杉並区の区長を務める田中良氏（以下、敬称略）。都議会の議長も務めた人物だ。平成21〜25（２００９〜13）年まで国政での旧民主党への政権交代とほぼ同じタイミングで、都議会も民主党が最大会派となっていた。

その田中が、市場問題が政争の具にされている現状を見るに見かねて、ある人に送った長文のメッセージのなかの重要な一部を引用する。

豊洲をめぐる昨今の様々なことは7年前の平成22年第1回都議会定例会において、付帯決議（議会において現地再整備の検討等で1年間関連予算執行を停止）を付して移転関連予算が盛り込まれた市場会計予算と環二の都市計画変更を可決したことの延長線上にあるものである。（略）都議会で第一党で政権与党となった民主党が直前の選挙で最大の公約の一つとして掲げたのが築地市場移転問題であり、当時もっとも移転反対派と太いパイプを持っていた事を踏まえれば、私達にはこの積年の困難課題に対してはっきりとした道筋をつける責任があると考えたからであった。

平成22年、築地市場内の移転反対派と太いパイプを持っていたのは、当時、都議会の最大会派であった民主党であった。その都議会民主党が、支持者である市場内の移転反対派へのアピールとして石原知事に対し、移転関連予算の執行を1年凍結、過去に断念した築地再整備をもう一度議会で検討することを付帯した決議を迫った。

予算承認を盾にした政治的な取引であった。最終的にはこの2年後の平成24（2012）年、依然として民主党が多数を占めていた都議会で、築地市場移転関連予算案はつぎの3つの条件付きで可決されている。

（1）土壌汚染対策を着実に実施し、都民や市場関係者の理解と信頼を得る
（2）豊洲新市場の施設の建設工事は汚染の処理を完了した上で実施する
（3）築地のまちづくりは食文化の拠点が継承されるよう最大限協力する

田中は、当時の都議会民主党は移転に必ずしも反対ではなく、党内に一定数の反対、慎重な議員はいたが、条件付きながら大筋で了としていた、とも記している。

ここで、現在の都議会民進党の都議たち、あるいは選挙のために小池の「都民ファーストの会」に鞍替えした議員と元議員らに問いたい。

あなた方は、「石原慎太郎を百条に呼べ」と息巻く前になぜ、この先輩、田中良の話を聞かなかったのか。84歳の病身の元知事を喚問してまであなた方が捜したかった「犯人」はあなた方自身ではないのか。

かつて築地の移転反対派の支持をつなぎとめるために、知事に付帯決議を迫り、移転に必要な時間とカネを余分に費やさせたのはあなた方の党であろう。

にもかかわらず、今度は小池の党派に鞍替えし、正体を隠して選挙を闘うというが、今、百条委員会で「裁かれる」べきは、あなた方、都議会民進党ではないのか。

もう一つ、ぜひとも紹介しておきたい資料がある。

平成25（2013）年6月7日発信の公明新聞（WEB版）に掲載された「進む　中央卸売市場の豊洲移転」と題された記事である。記事の頭には、「都議会公明党が着実に事業推進」との見出しが見える。

都議会公明党は豊洲への市場移転について、さまざまな角度から検証を重ねてきた。その上で、移転を求める声を都に伝えるなど着実に事業を推進してきた。

建設予定地から検出された汚染物質問題では、無害化に向けて都が主体的に取り組むよう強く主張。汚染土壌の処理状況を入念に視察、進行具合を確認し、市場関係者や都民の懸念を一つ一つ取り除いてきた。

この結果、開場に向けた汚染物質の除去作業は確実に前進、「人が一生涯この土地に住み続けても健康に影響が生じることがない」（豊洲新市場ガイドブック）までになった。

わずか4年前の立派な「推進」ぶり、無害化を都に迫った「実績」をすっかりなかったことのようにして、百条委員会では当時の知事の石原を叩き、次の選挙では、小池と組むという。

都議会公明党はこの記事で、当時の民主党を「反対と賛成　クルクル変わる」と責めているが、公明党の変節、豹変ぶりもなかなかのものである。

国政より長く協力関係にあった都議会での自民との関係もあっさり捨てるというこの人

たちのことをこれからは「クルクル変わる都議会公明党」と呼ぶことにしよう。

私たち都民は、この信念のかけらもない、「選挙ファースト」で低俗な政局屋たちを都民の代表としていいのだろうか。

百条委員会というバカ騒ぎで疲弊させられた石原の関係者は、マスメディアとともにこの者たちをも人権侵害で訴えるべきではないかと思うが、どうか。

第3章　メディアが共犯者

メディアが広めた豊洲のウソを正す

マスメディアの腐敗が深刻だ、とは昨今よく言われることである。事実の追及を怠ってデマを拡散する。勝手なストーリーを組み立て、悪役に仕立て上げた人、モノ、土地に風評被害をもたらす。「取材」と称して、民間人のプライバシー、人権を侵害する。そして、政治的公平性を著しく欠く。

くわえて、これら一切の犯罪的行為について無自覚である。

そんなマスメディアの側が最近、インターネット上に流される「フェイクニュース」の害を言い立てたりしているが、マスメディアという大機関がネット上の小さな個人のもたらす誤報の害を問題にするなど、片腹痛い。

小池は就任以来、そんなマスメディアに愛され続けてきた。小池劇場とはつまり、マスメディアの腐敗が全開にされた現象だったとも言えるのだ。

マスメディアの不適切な報道によって、今でもまだ、「市場問題」をつぎのように誤解している人が少なくない。

《小池劇場で広められた市場問題のストーリー》

①汚染があって市場には不適切な豊洲という土地に
②石原さんが利権のために強引に移転を決め
③高い値段で土地を買い
④土壌汚染対策と建物の工事費に多額の費用をかけたにもかかわらず
⑤まだ、地下水のベンゼンの濃度は高く
⑥床の下には盛り土がなく、「謎の空間」が広がっていた
⑦これら一切を石原さんと一緒に進めてきたのが「ドン」率いる都議会自民党である
⑧豊洲市場は今もまだ安全だとは言えない施設で
⑨そんなものに6000億円もの税金が使われた
⑩こうした間違いを小池さんが丁寧にチェックしている

これから一つ一つ誤解を正していくが、はじめに、この全項目が真っ赤なウソであることを多くの人にわかっていただきたい。

そして、マスメディアは今なお自らの不適切な報道によって広がったこの誤解を訂正することも、迷惑をかけた人々に謝罪することもなく、正しい情報を伝え直す努力の緒に就

いてもいないことをも知っていただきたい。

そうでなければ、また同じ詐術で私たちは騙されてしまう。

マスメディアが広めた10項目のウソに基づくストーリーについて、公開されている資料を使って正解を挙げていく。読者の皆様には、これを一人でも多くの人に知らせ、豊洲や市場関係者が被った風評被害を減らすことにご協力いただきたい。

① 汚染があって市場には不適切な豊洲という土地に
《正解》豊洲という土地に「汚染」はない。東京ガスの所有していた土地の一部には汚染が見つかったが、それはコンクリートやアスファルトで封じ込める対策で十分事足りるもの。土壌汚染対策法という国の法律面でもそうであるし、環境リスク学の複数の専門家もそう述べている。

豊洲＝土壌汚染のある土地、と言っているのは、この件を今さら蒸し返して政争の具にしている小池都知事、マスメディア、一部の市場移転反対派活動家らである。

なお、東京都江東区豊洲地区には現在約11万人の人が住んでおり、その人たちが被った風評被害は深刻である。

②　石原さんが利権のために強引に移転を決め
《正解》豊洲への移転は、石原の前任の青島知事時代からの既定路線。高齢と病気のため記憶が定かでない石原を追い回し吊るし上げた後、青島から石原への引継書に「豊洲」と書かれてあったことをひっそりと報道。これらを含め、石原の受けた風評被害も深刻である。

③　高い値段で土地を買い
《正解》不動産を買う場合、高い安いを単純には評価できない。そのため、東京都は条例が定めている財産価格審議会の諮問を受け購入した。この土地を欲しい東京都に対し、はじめは売り渋った東京ガス。交渉の末、売買契約が成立した。

　東京ガスは上場企業であり、仮に東京都との間で不当な取引など行えば、経営陣は株主代表訴訟の対象とされる。そのようなリスクを背負う契約をするとは考えにくい。

《参考》購入時（平成23年）の豊洲地区の土地売買の平均価格は70～80万円／平米。それに対し東京都は、豊洲の土地を50万円弱／平米で購入。その後の土壌汚染対策費をプラスしても69万円強／平米なので、安い買い物だったという見方もできる（62ページ）。

④　土壌汚染対策と建物の工事費に多額の費用をかけたにもかかわらず

《正解》豊洲で必要な土壌汚染対策は、コンクリート、アスファルトでの封じ込めのみであったが、石原時代に、それ以上の対策——土壌から汚染物質を取り除く——をするに至ったのは、都議会での政争の結果である。

共産党は当初から、「土壌汚染が危険だ」というプロパガンダを展開、それに煽られた世論と市場内の移転反対派に対し、当時の都議会の最大会派だった民主党、公明党などの会派が迎合したことが原因である（80ページ）。

⑤　まだ、地下水のベンゼンの濃度は高く

《正解》飲まない、使わない、地下にあるだけの水のベンゼン濃度は本来、問題ではない。地下水は清掃にも使わず、浄化して排水管に捨てるだけ。そのような水に、厳しい飲み水基準（人が毎日2リットル70年間飲み続けて健康に影響が出るかというレベル）を当てはめて、市場が安全かどうか、開場するかどうかを断ずべきではない。飲み水基準を当てはめれば、東京のほかの10市場や、全国の卸売市場がすべて営業できなくなる。

⑥　床の下には盛り土がなく、「謎の空間」が広がっていた

《正解》建屋の下には盛り土なし、空間があって当たり前。市場問題プロジェクトチーム

のメンバーでもある建築家・佐藤尚巳が解説（44ページ）。

⑦　これら一切を石原さんと一緒に進めてきたのが「ドン」率いる都議会自民党である
《正解》土地の売買契約成立から土壌汚染対策へと進む平成22年から23年、都議会の最大会派は民主党であって、自民党ではなかった。石原都知事は、民主党の提案を飲むかたちで、多額のカネはかかるが、皆の「安心」のために、厳しい環境基準での土壌汚染対策を行うことを決断した。

⑧　豊洲市場は今もまだ安全だとは言えない施設で
《正解》平成26年12月9日、小池の前の舛添知事が「安全宣言」をし、28年11月7日の移転へと動き出した。このことを小池サイドは無視して、3代前の石原の「責任」を追及するストーリーを作り上げた。

建物の安全については、平成28年12月28日に東京都が「検査済証」を発行、あらためての安全宣言だが、小池と都庁はこれを広報しなかった。

⑨　そんなものに6000億円もの税金が使われた

《正解》豊洲市場の用地取得から建設までに6000億円近い費用がかかったことは事実だが、これは私たちの「税金」ではない。築地市場含む東京都の公設市場は、独立採算の事業として運営されているため、「市場会計」というなかに独自のお金を持っている。豊洲市場への移転事業は、この市場会計からの支出と、移転後の築地市場の跡地を売却したお金が充てられることになっていたため、私たちの税金「一般会計」からの支出はゼロで行われることになっていた。このことは東京都のウェブサイトに書かれている。

だが、この問題が持ち上がった当初、小池自身も「税金」と連呼し、ワイドショーに出演した小池派「都民ファースト」の都議会議員も、共演の芸能人が「俺たちの税金だろ」と凄むのを否定もせずにいた。

次第に、市場移転費用は「税金」ではない、という指摘が増えたためか、小池も言わなくなった。小池と取り巻きがこの事実を知らなかったのか、知っていての発言かは不明。

⑩　こうした間違いを小池さんが丁寧にチェックしている

《正解》舛添前知事の「安全宣言」を無視し、「盛り土」がないことを致命的な欠陥のように大騒ぎしたのが小池知事。市場の移転延期を小池が独断し、その辻褄合わせに安全宣言の出ていた豊洲に難癖をつけて問題をこじらせ、すでに豊洲の維持費と業者への補償をあわせ１００億円超の公金が垂れ流されることがはっきりしている。移転延期が1年に及べば、年間２００億円前後が補償その他に費やされるだろう。

マスメディアが消す舛添という存在

まさに何重にも安全な措置をとったことが一つ。この土壌の安全措置というのは、絶対にやれという法的に決められたものではなく、（略）市場を開設するかどうかは、その措置をやらないとできないというような決まりではありません。（略）念には念を入れてきちんとそれをやったということをしっかり申し上げたのであって、因果関係の話には法的にはなっておりません。（略）莫大なお金をかけて土壌を改良して、勝手にこちらが点検した訳ではなく外の人たちを入れて、専門家を入れて点検して、安全だということです。

大丈夫ですよ。間違ってほしくないのは、それがなければ開けないというマストの条件ではありませんけれどやったということ。（略）私はこれで十分安全であると、ですから市場を開設しますということを、責任持って申し上げたいと思います。

〈舛添知事定例記者会見　平成26年12月9日〈火曜〉〉

豊洲市場の問題を語る際、隠れたキーパーソンがもう一人いる。

右のとおり、豊洲市場「安全宣言」をして市場開場への道筋をつけた、舛添要一前東京都知事（以下、敬称略）だ。

不適切な金銭処理の問題で辞任したため、今もってひじょうにイメージが悪いが、彼は豊洲市場の「安全」と「安心」をごちゃごちゃにして政争の具にすることはなかった。むしろ、会見の文言からもわかるとおり、安全のために法的に必要な条件（マスト）と、安心のために東京都があえて大金を投じて行った土壌改良の努力と成果、その2つの関係をわかりやすく強調して説明している。

この件では、舛添はいい仕事をしていた。というより、彼の問題把握能力の高さは大臣を務めた厚生労働省、都庁、自民党の関係者が揃って高く評価している。つくづく政治家への評価のむずかしさを感じるが、豊洲の件を最もクリアに語ることのできる人物である舛添に、なぜか小池周辺もメディアも触れたがらない。

小池のブレーンとして東京都の顧問を務めている上山信一慶應義塾大学教授（以下、敬称略）は、4月27日になって、自身のツイッターでつぎのように発信していた。

都議会（含自民）は自ら付帯決議で高い「安心」基準を設定。それで都庁は800億超の工事で都民に「安心」を約束。だが目標は未達。それで今さら都議会一部議員や当時存在しなかった政党の国会議員が「知事は（付帯決議を無視して）移転を決めろ」と主張されるが逆だろう。まず付帯決議を取り下げるべき。

石原時代に、民主党など議会が知事に土壌汚染対策を迫った付帯決議は、今の小池の判断には影響しない。決断をズルズル延ばすことの言い訳にはまったくならない。

付帯決議の後、東京都は対策を実施し、専門家のチェックを受けて、舛添が「安全宣言」を出したのだから。小池が引き継ぐべきは、前任の舛添のこの安全宣言であって、それをスキップして、それより前の付帯決議や3代前の石原を持ち出すことは適切でない。この「行政の継続性」を、上山が知らないとは驚きであり到底考えられない。

そうは考えにくいが、もし上山が、舛添の安全宣言をうっかり見落としていた、あるいは知らなかったのであれば、この機に知って、顧問として小池に正しいアドバイスをすべきではないか。

上山のことはさておき、舛添の安全宣言は驚くほど知られていない。なぜなら、あれほど豊洲豊洲と大騒ぎしながら、メディアがこの肝心なことを伝えないからである。

3月某日、百条委員会に向けて対策を話し合っていた石原サイドのスタッフもこのことを失念していた。石原が知事を辞した後のことであり、彼らの手元には十分な資料もないのだから、無理もないことであったが。

石原と側近たちは、百条委員会の場で、在任時に「安全」と「安心」をどう捉え、整理していたかの説明準備に苦心していた。このころ、たまたま彼らと居合わせた場で、私が、「2014年に、舛添さんが安全宣言を出していますよ」とアドバイスしたことがある。

舛添は知事として、「行政の継続性」に則り、石原時代に決められた法令を上回る「安心」のための施策を引き継ぎ、きちんと完了させて、これを都民が誤解し無用な混乱を招くことがないよう整理して説明していたのである。

舛添の会見録を読むと、「間違ってほしくないのは」「よく誤解があって……」と、メディアの記者や世間の間に誤解があることへの懸念を繰り返し言っている。舛添の説明もむなしく、石原時代からずっとこの問題を扱い続けているはずのメディアは、今もまだこの問題を正確に理解していないと見える。

人事異動で交代する記者個々人が不勉強となることは致し方ないとはいえ、メディア会社としての仕事の「継続性」のなさにはもはや悪意すら感じる。

豊洲市場の件に限らず、行政においては長期的案件となる事柄は多いのだから、過去の知事（この場合は舛添）の発言、議会の決議などの資料を読み返し、問題を一連の流れとして捉えることは当然すべきではないか。ましてや、豊洲のように世間を騒がせ、こじらせてきた問題ならなおさらだ。そうした初歩的な努力、ファクトと向き合う真面目さが今のメディアには圧倒的に欠けている。

だから、小池のマッチポンプに簡単に釣られるのだ。

舛添の「いい仕事」はあまりにも知られていない。それはひとえに、メディアの不作為、不誠実による。

舛添の金銭問題はタチの悪いものだった。しかし、だからといって、彼を糾弾してクビを取ったメディアが、その存在自体をなかったかのようにして、知事として成した仕事、実績に触れないというのは誤りだ。その不作為は、現在の権力への監視、現都知事である小池の仕事の監視を怠ることに等しく、有権者に不利益を与えることにつながる。その自覚が今のメディアにどれほどあるだろうか。

テレビは放送法に違反しているのではないか

ふだん私たちが何気なく見ているテレビというメディアには、その規律を定めた法律「放送法」というものがある。テレビなどの放送事業が、公共のものである「電波」を使用することを許されて行う事業であるがゆえの規制だが、その放送法の第四条にはつぎのように書かれている。

（国内放送等の放送番組の編集等）
第四条　放送事業者は、国内放送及び内外放送（以下「国内放送等」という。）の放送番組の編集に当たつては、次の各号の定めるところによらなければならない。
一　公安及び善良な風俗を害しないこと。
二　政治的に公平であること。
三　報道は事実をまげないですること。
四　意見が対立している問題については、できるだけ多くの角度から論点を明らかにすること。

第四条の一は当然のことだが、二、三、四について、一連の小池劇場、とくに豊洲報道を見る限り、とても守られているようには見えない。
三については、本章で詳述した「小池劇場で広められた市場問題のストーリー」で明らかなように、どのメディア、どの情報と限らず、ほぼ全メディアが総体として市場問題についての「事実をまげて」しまっている。

そのうちでも、最も低レベルで悪質な事例を一つ挙げるなら、フジテレビが、平成28年10月2日に放送した「新報道２００１」のなかでの「豊洲市場の柱が曲がっている」事件であろうか。

同番組では、「豊洲市場加工パッケージ棟の柱が傾いているのではないか」と指摘したのである。番組がその根拠として使用したのは、東京都中央区の渡部恵子区議会議員（以下、敬称略）が提供した1枚の写真である。

まず言っておくが、「新報道２００１」はその名のとおり報道番組であり、多くの人が仕事を休んで家にいる日曜の朝、全国に放送される。タレントが出てきて面白おかしく与太話をするバラエティ番組ではない。もう一つ、渡部は実家が築地市場内で仲卸を営む利害関係者だ。豊洲移転反対を唱えてきた人であることは、築地市場のある中央区では知られている話である。

渡部は、柱の傾きを自身の目では確認していないと語った。とはいえ、利害関係者であり、特定の政治性を強く持つ人の提供する材料をそのまま使ってテレビ「報道」をする局側の姿勢は果たして適切と言えるのか。

だが、同番組の問題行為はこれにとどまらなかった。

番組放送直後、ネット上では、「柱が傾いて見えるのはレンズの性質によるもの」だという指摘が多く、〝炎上〟した。

今どき、カメラのレンズの種類によっては画像に歪みが出ることなど、多くの一般人も知る現代社会の常識レベルのことである。それを、こともあろうに映像画像を扱うプロ中のプロであるテレビ局が気づかなかったとでも言うのだろうか。

大騒ぎとなると、これに便乗しようと、豊洲市場に出張って、柱に傾きがないかを自らチェックするパフォーマンスにいそしむ都議会議員もいた。

結局、東京都の中央卸売市場が、柱の傾きに関して反論、否定し、番組は翌週、「検証」と称する1分半の放送を行った。

このなかで番組の男性キャスターはつぎのように述べている。

「先週、豊洲市場の加工パッケージ棟4階で、9月に撮影された写真を紹介し、カメラのレンズによる可能性もありますが、柱が傾いているように見えるとお伝えしました」

「東京都はですね、番組の取材に対し、傾いていない4階の柱の写真を示し、『10月2日、当該柱の現状を改めて確認したが、歪みや傾き、ひび割れなどの不具合は認められなかった』と回答しました」

さらに、構造設計一級建築士や研究者のコメントを紹介し、

「一連の報道により、誤解を招いたことを真摯《しんし》に受け止めます」

とだけ述べ、謝罪の言葉はなかった。

これについて、多くを語る必要はもはやないだろう。間違いは誰にでもある、という次元ではなく、この放送は悪意的だ。ひとたび広まった「豊洲市場は欠陥建築」という悪印象はそう簡単に払拭できるものではない。多くの人の知恵と汗の結晶として立派に完成した建物について、ろくに取材もしない怠惰な者たちが難癖をつけて風評を全国に流し、それがウソだと露見しても謝りもせず平気の平左でいる。

テレビ人たちはいったい何様のつもりなのか。

豊洲市場の建設にあたったゼネコンや建設関係者は、フジテレビに対し、告訴も辞さない態度で強く抗議すべきだと思った。私が経営側の者であれば間違いなくそうする、と。

豊洲市場の内部を取材してみた

この事件の後、私は完成している豊洲市場の内部を見たいと思った。

さっそく東京都に取材の問い合わせをしたが、答えは「ノー」であった。開場前だということも理由の一つだったが、では、本来の開場予定であった11月7日以降に内部取材を許可してくれるよう依頼したが、担当部署の反応ははっきりしなかった。

そこで、「一日も早く、豊洲市場を全メディアに公開せよ。それが都政の透明性を標榜する現知事の目指す方向にかなうことだ」とメディアで繰り返し発言し、都議会議員らにもこのことを働きかけた。

都知事と議会の「二元代表制」はこういうときによく機能するシステムだ。

都知事と都庁が公開したがらないことを、議会側が「公開せよ」と迫れば、東京都は断ることができない。

都議会議員選挙が近づいてきた昨今、小池と側近が、地方の二元代表制は「改革の妨げ」であるようなことを言っているが、冗談ではない。議会が首長の言いなりになる体制ができ上がれば、それは改革ではなくて独裁の始まりだ。豊洲の件よろしく、片っ端から首長の「感性」とやらで、都の事業を止めたり遅らせたりし、自身に不都合な情報を隠されてはたまったものではない。

11月24日、全メディアの共同取材というかたちで、私は初めて豊洲市場の内部を見ることができた。そこには新聞社、通信社のほか、NHK、フジテレビなどのテレビ局も来ていて、社によっては中継車まで出していたが、その後、豊洲市場内部の映像とともに、9月以来テレビが広めた、多くの悪質な風評を否定する報道がされることはなかった。

完成した豊洲市場を自分の目で見ることができたこのとき、私は、小池劇場という現象の悪質さを再認識した。同時に、私自身も出演者として関わっているテレビというメディアの罪深さも、一層深刻に受け止めざるを得なかった。

豊洲市場の内部映像を、私の出演番組「虎ノ門ニュース」で紹介すると、大きな反響があった。「なぜ、この立派な施設を遊ばせておくのか」「これこそ、もったいない」「小池知事、考え直しては」という建設的な視聴者の声が集まった。

隣の席で映像を見ていた共演者の小川榮太郎が、この後どんなコメントをしたかは、前章でお伝えしたとおりだ。

報道に携わる者は、何よりも「事実」に誠実に向き合わなければならない。政治を監視するのは「メディア」ではなく、有権者だ。メディアはその有権者の監視に有用な「事実」を提供する媒体に過ぎない、という謙虚さを忘れてはいけない。

放送法の言う、「事実をまげない」ために、取材者は、ときには権力や暴力に対し歯向かう場面も出てくる。私たちの仕事はそういうものだ。

私も仕事で付き合いのあるフジテレビの関係者の皆様には、ぜひとも事実をまげない報道を共にしていきたいということ、間違っても、曲がってもいない柱が曲がっているかのように言うことが繰り返されないよう、謹んで申し上げたい。

テレビの「選挙報道」は公平か？

テレビが政治を扱う場合の問題点はほかにもある。小池劇場に絡んでもう一つ、テレビが選挙に及ぼす影響について指摘しておきたい。

テレビと選挙に関する貴重なデータがある。平成29年3月、作家の百田尚樹氏が「呼びかけ人代表」を務める任意団体「放送法遵守を求める視聴者の会」のスタッフが集計したものだ。

同年2月5日投開票で行われた千代田区の区長選挙、その告示から8日間のテレビ放送を定点観測したデータである。

対象期間は、1月29日（告示）～2月5日午後8時（投票締め切り）まで。対象番組は、TBSのすべての報道番組および報道を含むバラエティ系番組。

告示後の選挙期間中、テレビは放送法の「政治的公平性」を守るため、おもに報道番組では候補者や政党の扱いを平等にするよう努める。具体的に放送時間を同等にするということだが、この時間の「平等」にトリックがあったとしたらいかが思われるか。

データを見てみよう。

（1）選挙報道

選挙報道の合計時間　約1時間50分
各候補及び陣営について伝えた時間
石川雅己氏（現職／小池氏の応援する候補）＝約45分
与謝野信氏（自民党推薦）＝約42分
五十嵐朝青氏＝約23分

主要候補とみなされる石川、与謝野の2候補の間での時間的公平はほぼ確保されていたが、質的には大いに疑問が残る。

というのも、この選挙では、かねてから、小池都知事と自民党（もしくは「都議会のドン」と言われた内田茂都議会議員）の「代理戦争」であることが強調して報道されていた。

この選挙が「代理戦争」と呼ばれることについては、むしろ小池がこれを歓迎し、一方の与謝野陣営は嫌がっている、ということも報道しながら、にもかかわらず、執拗に「代理戦争」と表示し連呼することで、それ自体が石川候補への加勢となっていた。

さらに、番組ごとの具体的な事例を見てみよう。

◎1月30日「Nスタ」では、約4分30秒の選挙関連の報道全体にわたって「代理戦争」というテロップが大きく表示され続けた。

◎2月4日「あさチャン！サタデー」では、小池・内田という候補者ではない2名の写真を画面いっぱいに並べて「代理戦争」と表示。報道の冒頭では、メインキャスターの佐古忠彦氏（TBS報道局）が以下のように述べた。「就任から半年を迎えた東京都の小池知事が、自ら〝代理戦争〟と言っているのが、あしたに投票と開票が迫った千代田区長選挙です。これは国政にも影響を与えかねない、そんな見方も出ています」。投票日前日にこのような扱いをすれば、「小池vs内田」という印象が強く残り、かなりの人の投票行動に影響するとも考えられる。

（2）選挙以外での小池都知事に関連する報道について

期間中の報道時間合計＝約7時間

小池知事の姿が画面に映っている場面＝約3時間30分

千代田区長選挙へのテレビの影響を考えるには、選挙報道以外の時間にも注目しなければならない。

■千代田区長選挙期間中の「小池劇場」報道

対象期間＝1月29日（告示）から2月5日午後8時（投票締め切り）まで
対象番組＝TBSのすべての報道番組、及び報道を含むバラエティ系番組

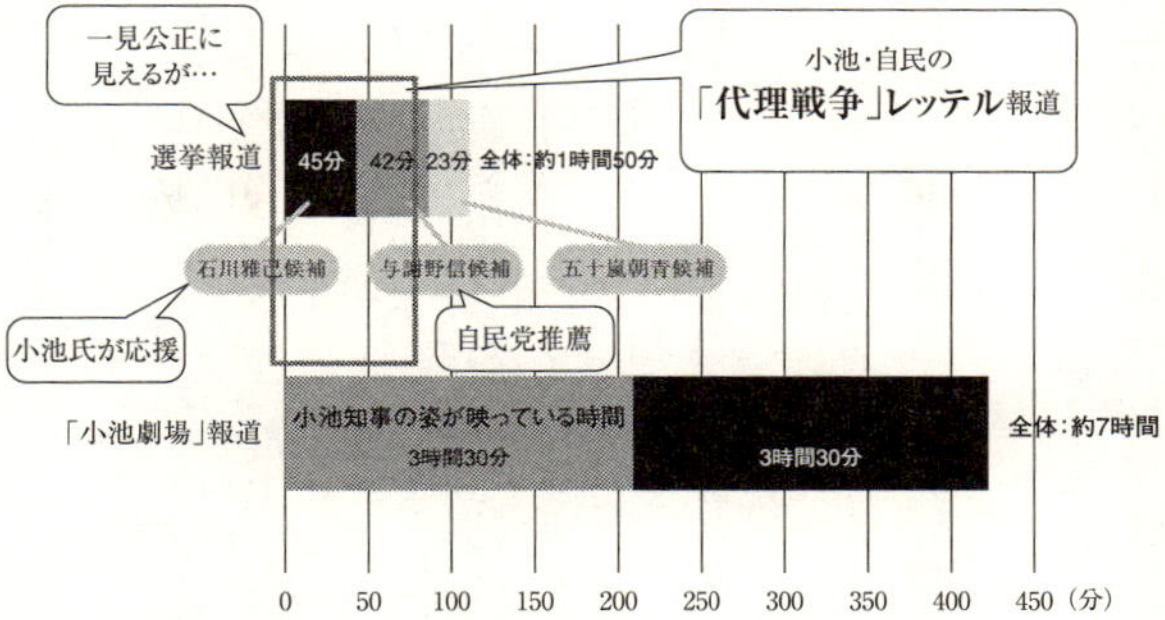

この選挙を小池の言う「代理戦争」であるとたびたび強調、つまり、片側の用意したステージに乗っかりながら、それを言う小池についての好意的報道に、選挙報道の何倍もの時間を費やす。これで、政治的公平性が担保されていると言えるのか。

具体的な番組の事例はつぎのとおりだが、このころの主なテーマは、築地市場の豊洲移転をめぐる諸問題、五輪会場に指定されたゴルフ場が会員資格において女性を差別している問題などであるが、1月30日に都庁で開かれた「東京未来ビジョン懇談会」で多数の有名人と小池知事が懇談したことや、伊豆大島で大量繁殖している動物「キョン」の対策に4億円超の拠出が決まった件などもあった。総じて「小池知事大活

躍」モードの話題である。

◎1月31日「あさチャン！サタデー」では、伊豆大島で繁殖を続ける「キョン」の問題が約7分半報道されたが、そのうちの約5分間にわたって「小池知事がついに……キョン対策に4億円超　メリハリ予算に計上」とのテロップが小池知事の写真入りで表示され続けた。

◎2月1日の「ひるおび！」では、女性のみで構成する少数会派「生活者ネットワーク」の集会に小池知事が出席したことを紹介。これに絡めて「夏の都議選をにらんだ小池知事の思惑と各会派の動き」について解説する報道を約20分間行った。

◎2月2日の「あさチャン！サタデー」では、ゴルフ場問題を伝える約8分間（うち小池知事の姿が映っている場面は約7分）のニュースと連続して千代田区長選の報道を約5分伝えた。

同2日の「ゴゴスマ」には、石原元都知事の側近で、豊洲の土地購入に関する交渉を一手に引き受けていたとされる浜渦元副都知事が生出演した。

浜渦は番組で、「このままいくと実態がわからないまま、真相でない部分が政治テーマ、選挙テーマになってしまう」との危惧から出演したと語ったものの、結果的にはこの出演が繰り返し報道され、「小池劇場」報道にむしろ加担させられた感が強い。

たとえば、同日夕方の「Nスタ」、翌３日の「ゴゴスマ」ではいずれも、浜渦の出演場面に絡めて、小池が石原の責任の有無を検証すると発言したことを伝える場面と連続して、石原が、自宅前で記者の質問を無視する様子を伝えている。

さらに３日夕方の「Nスタ」では、同日の定例記者会見で小池が、石原について「逃げてしまっているという印象は良くないいんじゃないかな、これまでの石原さんらしくないいんじゃないかなというふうに思います」と発言した場面につなげて、記者の質問に答えない石原の場面（前述２番組で使用したものと同じ）を流した。

これらの放送場面は、明らかに、一般視聴者から「正義の味方・小池知事の追及から逃げる石原」と見えるような構図を意図的につくりあげていた。

この一連の扱いが石原個人にとって不当なものであることは前章で述べたが、期間を考えあわせれば、千代田区長選挙に与えた影響も大きかったと言わざるを得ない。

こうした放送姿勢では、たとえ選挙報道の部分では「見せかけの時間的公平」を守ってみせても、事実上、放送法第四条一項二号が求める「政治的に公平であること」が確保されていないとも見られる。

長期間、自身のキャラだけで闘い続ける無理

千代田区長選挙にはもう一つの側面もあったことを忘れてはならない。

この選挙はもともと現職の石川雅己が圧倒的に有利で、小池の応援があろうがなかろうが、「勝てる戦い」だった。そこへ小池があえて乗ったのだ。

もちろん選挙はフタを開けてみなければわからないし、石川としては対抗馬に強力な応援がつくことは避けなければならない。そこで、かねてから内田茂と関係が良くなかった石川と小池の利害が一致したと言える。

小池がこの千代田区長選を重要視した理由。それは5カ月後に控えた都議会議員選挙のためだった。都議選への前哨戦、予行演習として、「正義の味方」「勝利の女神」としての自身のイメージを都民に定着させておくことを狙ったからである。

古くから、選挙では、「地盤（組織）」「看板（知名度）」「カバン（資金）」が勝利の決め手と言われるが、今どきカネでどうにかなる時代ではないので、ものを言うのは組織と知名度である。

一般的に、地元の後援会組織がしっかりしている、あるいは組織の応援を得ている候補

は選挙に強い。一方、足場となる後援会組織が弱い政治家は、即効性を求めて知名度を高めるほうに走る。国会議員でも都議会議員でも、選挙に強くない議員ほどテレビに出たがるのはそのためだ。

小池の率いる「都民ファーストの会」の候補者たちも足場が弱い者の集まりである。かといって、ピン（候補者一人）でメディアに出られるような注目度の高い人がいるわけでもない。あくまでも、「小池と仲間たち」というブランドで引っ張っていかなければならない。そうした事情から、報道で扱われる以外にも、小池は一人でメディアを選ばず出ずっぱりだったが、ちょうどこの千代田区長選のあった、1～2月あたりから少しずつ潮目が変わり始めていた。

そのうちの一つは「もう小池には飽きた」という視聴者、読者の声。そう、出ずっぱりは遅かれ早かれ飽きられるし、選手交代もある。もう一つは、政界内での「反小池」の動きであるが、これは後の章で詳しく触れることとしよう。

女性誌の罪、石原慎太郎のミス

2月のある日、美容室で雑誌を見ていたら「小池、厚化粧の……」というタイトルが目に入った。まだやっているのか、とウンザリしたが、一応読んでみた。

内容は他愛なかったが、例によって、都知事選のときの石原の「厚化粧の大年増」発言を枕にしながら、小池の化粧方法をプロが解析したり、「なぜ、50~60代の女性は厚化粧になるのか」を掘り下げたりといった、一見、政治とは別ものの記事ではあった。

ただ、この手の記事にまったく政治性がないとは言えないので要注意である。

最近の女性誌では、「政治」を扱うことが多くなり、それはテレビのバラエティ番組が政治ネタを扱うことが増えているのと事情は似ている。おかげ様で、と言うべきなのか、私にも最近、女性誌やバラエティ番組の「政治テーマ」でのオファーが増えている。

政治ジャンル以外の雑誌やテレビが、政治を扱うようになった理由は、制作費が安上がりで、そこそこの数字が取れること、政治家をいじったり叩いたりしてもクレームが少なく、気遣いが要らないことにある。

とはいっても、政治家は圧倒的に男性が多く、よほど絵になる人でない限り女性誌では扱いが限られる。そういうなかで、小池は女性誌が扱うのにふさわしい、絵になる良質の「素材」であった。

小池のファッション、ライフスタイル、これまでの人生……と並んで、女性誌が好んでネタにしたのが、オヤジたちとのバトルである。とくに、こともあろうに女に向かって

「厚化粧」と言い放った石原のヒール（悪役）ぶりは、見事にツボにはまっていた。

昨今の政治的なことを除けば、私も小池のファッションや姿は好きである。

仕事で、彼女を見たことは何度もあるが、いつもエレガントでいながら機能的な、仕事する女のお手本のようなスタイルをしていた。笑顔がきれいで言葉も美しい人だと思う。その美しさをどう利用しているかが問題なのだ。

美容院に置かれてあった雑誌の記事には、読者のコメントと称するものも載っていた。

「石原さんのような男性は女を下に見ているんですよ。だからああいう言葉が出てくる。そういう男性にとっては小池さんのような仕事のできる女性が憎らしいんです」

この類のものが、50～60代女性のコメントとしていくつか掲載されていて、私は苦笑せずにいられなかった。これは、雑誌編集部の上のほうの人たち、まさに50～60代ぐらいの人たちの声でもあるのだろうなと思ったからである。

雑誌をつくる業界、出版業界は、私自身も身を置いていたのでわかるが、昔から比較的女性が活躍していた世界なので、他と比べてひどい女性差別が横行しているとは言えない。しかし、「世の中は男性上位で、それを正さなければ」と思っているフェミニスト的な考え方の女性や、そういう動きを応援するふりのリベラル的な男性も多い。

そういう人たちの目線で見ると、「女性差別をする旧人類オヤジどもを退治する女性知事」であり、しかも昔のフェミニスト政治家と違って、エレガントな小池は言うことなしのキャラクター登場となったのだ。

女性誌への頻繁な登場は、単に人気取りということを超え、小池の政治的なスタンスにも影響していったふしがある。

小池はもともとはタカ派的な女性政治家というイメージの人だった。そのため都知事選挙のときには鳥越俊太郎氏の応援にまわっていたフェミニストの識者から、「女性でもあの人はダメ」などと言われていたが、勝てば官軍。緑のハチマキをして、「厚化粧」と罵倒するオヤジと闘う「私たち女性の代表」ということになり、テレビや雑誌の視聴者・読者であるふつうの中高年女性たちから親しまれるキャラになっていったのである。

こうなると不思議なもので、小池を追っかけるおばさんグループなるものが出現し、そうなるとまたテレビや雑誌が「小池で数字が取れる」と扱うようになる。そうこうするうち、小池はすっかりリベラルなメディアの常連となり、イメージを変貌させた。

笑ってしまう余談なのだが、小池を取り巻いた「リベラル」な風は、なぜか私に対しての逆風となっていた。テレビ番組でご一緒した女性出演者からは、

「なぜ、あなたは小池さんに批判的なの？　同じ女性なんだから応援しましょうよ」

と言われ、昔、仕事を教えてくださった雑誌編集の大先輩からは電話をいただいて、

「あなたが小池さんを手厳しく批判するのには驚いたけれど、それより驚いたのはよりによってあの石原慎太郎を擁護していること。あの人は昔から女性差別が酷いのよ……」

とお説教されてしまった。

２人とも知的レベルの高い女性なのに、どうしてこうも政治的にナイーブなのか。同じ女性だから応援して当然、とすることこそ女性差別じゃないの、と思うのだが、先輩方に噛みついても詮無いので黙って聞いていた。大先輩には最後に、

「ご忠告ありがとうございました。でも、後になって、私が言っていることが正しかったと思われることがあったら、奢ってくださいね」

と返しておいた。

リベラルメディアの常連となることで支持を広げ、政治的左派と連携することは今の小池にとって必要なことだろうが、同時に甘い罠でもあるだろうと私は思って見ている。このことは後の章でも引き続き述べていく。

赤旗までもが評価を変えた

「発がん性物質のベンゼンが……」

「築地市場の移転について、悩み続ける小池都知事……」

これらは、偶然、耳に入ったテレビのワイドショーのナレーションの一部である。

ベンゼンの前に「発がん性物質」と付くとそれだけで事はオドロオドロしく聞こえ、「悩み続ける」と付けると、小池都知事はすっかりヒロインになる。これがたとえば、「クリーニング等に用いるベンゼン」とか「判断を迫られている小池都知事」だったら、視聴者の受ける印象は大きく違うものとなろう。ワイドショーでは、VTRに付けるナレーションの言い回し一つが数字（視聴率）に影響しうるから、淡々とした表現や、彼らが描くストーリーに合わない言葉では「テレビ的に面白くなく」なるのだろう。

プロパガンダとしてこれらを読み解いてみると、ベンゼンに「発がん性物質」と付けるのは、共産党の機関紙「赤旗」の常套句であり、テレビ番組の冒頭、政治指導者を持ち上げる内容から始まるというのは、共産主義国家か、独裁国家のそれである。

そして、豊洲市場の移転に一貫して「反対・中止」と言い続けているのが日本共産党だ。この党は、平成22年に、英国の科学誌「ネイチャー」の電子版と巧く組むかたちで、豊洲の土壌汚染と東京都が行っていた対策実験についての批判プロパガンダを展開した。

共産主義者はプロパガンダと不可分の存在だが、さすがネイチャーの威光を使ったこの作戦は有効で、当時、その内容は日本の全国紙や環境関係のメディアに引用された。

その共産党の「赤旗」が最近、小池についての論調を変えてきている。

過去、赤旗は自民党の有力な女性政治家である小池をたびたび激しく批判してきた。タカ派、改憲派と呼び、小池の金銭スキャンダルも取り上げてきた。

ところが、4月23日、都議会議員選挙を扱った記事のなかでは、これまでどおり自民・公明を非難する一方で、「小池百合子都政では、都民の願いに応える変化が起こっていますが」という、今まででは考えられない一文が載った。

とうとう小池百合子は、赤旗に評価をされる政治家に変貌したのだ。

しかし、これに驚いているのは、私の周りの政治関係の玄人《くろうと》たちだけで、日本において「赤旗」は共産党の機関紙として特別な目で見られることはなく、国民的女優や人気作家、芸能人などが当たり前に登場する「ソフトな」メディアの一つである。

一方、ふだんは政治家を叩くのがお得意のテレビのワイドショーが、今のところ小池のことはほとんど叩かない。これはあくまで私の感覚だけで言うが、過去に橋下が大阪府知事になったときでもこれほど長く好意的報道一色ではなかったし、コメンテーターのなかには初めから橋下に酷く批判的な人もあったと記憶している。

小池が叩かれにくいのには、もちろん本人の上手さがあり、言葉の使い方のテクニックが奏功していると思う。

よく聞くと「言語明瞭、意味不明」な小池の喋りには、唸らされる表現は一つもないが、あたりの柔らかさは好感度を上げるのに役立っている。そしてやはり、都政初の女性のトップであることも大きい。

ようやく女性が都政のトップに立ったんだから、応援しないといけない、叩いちゃいけないよ、という「女性応援」感情が多くの人にある。さらに、小池が今や赤旗にも受け入れられるほど、左派的なアイコンになったこととも関係している。

改革という中身のない言葉を躍らせ、敵と闘う、良きイメージだけを振りまいていく。まさにコミュニスト的プロパガンダの典型的な手法だが、小池は就任以来ずっとそうやって人々の「情」や「感覚」に訴え続けている。

私は、イデオロギーの点からではなく、その不誠実さと怠慢、政策実行力という点で小池に批判的であるが、同時に同情もし始めている。それはなぜか。

彼女がその支持を獲得したと見える「左派」は、今後、小池が一つでも選択を間違えたら、恐ろしい敵に変わることが予想されるからだ。そのとき、小池を叩くのは赤旗だけではないだろう。左派と親和性の高いマスメディアもまた彼女を手ひどく裏切るにちがいない。

第４章　小池百合子という政治家

10カ月間でやったことは「分断」

「あらゆる仕事には期限を決めて臨んでいただきたいと存じます。（略）行政にありがちな『検討します』、この言葉で長く引き延ばさないようにしていただきたい。また、検討が必要な場合には、『どれだけの日数で検討するのか』『いつまでにどうするのか』。これらの予定、これを必ず明確にしていただきたいと思います」

10カ月前、都知事に就任した小池は職員への訓示のなかでこう述べている。もっとも至極な仰せだ。しかし今、この言葉を、突き付けられているのは、都の職員ではなく、小池である。

築地市場内には「荷受け」と言われる水産物卸売会社が7社あるが、4月の上旬、私はそのうちの経営者ら何人かに会いに行った。小さな店も多い仲卸と違い、卸は資本金数十億円、東証一部、二部上場の企業が含まれる。その経営者らが烈火のごとく怒っていた。

「何がプロ野球の始球式ですか。小池知事は今そんなことやっている場合でしょうか。築地の我々のことはどうするの？」

昨年11月と年が明けた3月末の2度、卸業界から知事への要望書が提出されている。いずれも、移転の可否について早期に判断を、それを市場の業者とともに考えてほしいとの内容だが、年度末の3月末までに何の返事もなかった。

「市場移転を7月の都議選の争点にするって？　冗談じゃない」

「長年、いろいろあったけれど、去年、我々は全員で動く準備をしていたんですよ。投資もしている。それを小池さんの独断で延期して、以後、我々との話し合いの場は一度だけですよ」

「バカにするのもいいかげんにしてほしい」

株主への説明もままならないと憤り、皆が異口同音に、

「どこが〝都民ファースト〟か」

と呆れる。

ある経営者は私に大きな写真を見せた。モノクロの築地市場の航空写真。昭和10（1935）年に造られた建物の、美しいアーチ形の部分を指さして言った。

「当時は鉄道を引き込むからこういう形に造ったんですよ。これが合理的だったから。トラックで物を運ぶ今は合理的とは言えない。ここで長年、商売してきてありがたかったけ

ど時代は変わっている。なのに、今までの経緯も皆の気持ちも知らない顧問の一人が、今さらここを再整備すると。時間を戻すんですか」

知事にも東京都にも不信感しかない、信義がないからと憤る。

「ウチら（卸）は大きいから、まだね。でも、これ以上、長期化すれば、小さな仲卸さん、ウチらのお客さんが、みんな疲弊しますよ。知事はそんなこと頭にあるのか……」

卸協会から知事あての要望書のなかで、小池が昨年8月に移転延期を決めた際、「安全性」を第一の理由に挙げていたことを指し、専門家会議で安全性はすでに確認され、知事自身が議会の答弁で「安全だ」と述べたのだから、移転の判断は可能ではないか、安全性以外の論点は移転の判断には影響しない、と迫っている。

しかし、小池はあたかも時間稼ぎのように、今度は「市場のあり方戦略本部」なる組織を立ち上げ、新たに市場の採算性を論点にして検討し始めた。

次々に論点をずらし、戦線拡大することは関係者を疲弊させる。豊洲市場を遊ばせたままでは、経費と補償を増大させ、市場会計全体のマイナスを大きくするだけだ。豊洲地区の関連業者の商売の機会損失も大きくなり、もちろん、築地周辺の再開発も進まず、環状2号線の工事もさらに遅れる。

これは最終的には、東京都、小池自身の首を絞めることにもなるのではないか。

業界関係者のなかには、

「この何年かの私の人生を返してほしい気持ちですよ」

と苦笑する者もいた。経費の無駄、営業機会の損失以上に、時間が浪費されたことは誰にとっても痛い。

「移転推進・反対という政治的対立を超えて、豊洲に理想的な新市場をつくろうという検討を始めたこともありました。それが次第に、どう移転するかだけの話になっていった。それでも、豊洲に移ることで改善できることは多いのです。ああもしよう、こうもしようと思っていたのに……」

豊洲への移転について市場内の合意が形成されるまでの年月は長く、壮絶なものだった。その歴史を知る人たちのなかには「もう一度、市場の全員が合意することは無理だと思う」という、絶望の声もある。

3月の終わりごろから、私のもとに、名前や顔は出したくないが、話を聞いてほしいという仲卸業者からのメールや連絡が増えた。私が話を聞いて直接解決できることは何もないが、築地にたびたび出かけている。

皆の気持ちを一つにした石原、再び分断した小池

政治家の仕事は、国をおさめること、地域をおさめることで、「治める」と書く。同時にこれが、人心をも「おさめる」ものであれかしと思う。

反対に、人々の気持ちを粟立たせ、苛立たせ、分断し、争わせるような「政治屋」はご勘弁願いたい。

私の手元にA3用紙2枚組の「手紙」のコピーがある。

「築地市場の皆様へ」で始まり、差出人は東京都知事、石原慎太郎。印刷ではあるが、毛筆の署名入りだ。平成22（2010）年10月、当時、築地市場内で商いをしていた全業者、一軒一軒に配られた。

今、この手紙のことを語る市場の人は多い。

「殴り合いした人たちもいたんだけどさ。あの手紙が届いて、みんな落ち着いたんだよ。（豊洲へ）行こうかって」

私にこのコピーをくれた仲卸業者は懐かしそうに当時をふり返った。ほかの仲卸業者から、

「俺は反対だったんだけどね、石原さんから手紙もらって、仕方ねえな、と思った。知事直々の手紙だから。俺たちのことも考えてくれてんだな、って」

という声もあった。

魚河岸の人たち、とくに仲卸と呼ばれる業者の人たちは小さくても一国一城の主だ。簡単には一つにまとまらない。威勢が良く自己主張の強い面もあるが、情にもろいところもある。その一人一人に手紙を送るという、石原都政での策は配慮のあるものだった。

長年、市場問題が政争の具とされてきたなかで同業者の内輪揉めも根深いしこりとなっていった。実際に反対派として活動してきたという人のなかに、「正直、もう疲れていたから、あの手紙でほっとした」と、私に語った人もある。

多くの人が、今、石原の手紙の話をするのは、いったんは一つになった「気持ち」が再び分断されてしまい、先がどうなるかわからない不安のなかにあるからだ。

「石原さんと同じ手紙じゃおさまらねえよ、今度は。小池さんは何するんだろうな。一軒一軒、戸別訪問でもすんのか？」

口の悪さからこう言うのではなく、彼らは真面目に怒っている。

災害でも事故でもなく、自身の「感性」での決断一つで、この人たちを分断と不安のなかに落とし放置したまま、連休の間、公明党の街宣カーに乗って笑顔を振りまいていられる小池という人がわからない。4月に入るころから、彼女はメディアに出ると、7月の都議選のことばかり語るようになってきた。

日本の地方自治の「二元代表」システムを壊す？

「とにかく都議選での勝利。それまではお酒を断っている。勝利の美酒に酔いたい」

「古い議会から新しい議会へ。それができたら目標達成」

などなど。言うのは勝手だが、これらは「知事」の仕事ではない。

5月に入り、小池のブレーンとして東京都の顧問を務める上山信一慶應義塾大学教授は、自身のツイッターでつぎのようにつぶやいている。


二元代表制の地方議会では知事が変わっても議会が支持しないと政策はなかなか実現しない。その意味で今回の都議選は去年の知事選の集大成といえる。都議選を経て、はじめて小池改革、東京大改革が大きく前に進み始める。

最近では、巷の高齢者でも「東京大改革って中身何なの？」と言い始めているので、上山の目論見どおりにいくかどうかはわからないが、いずれにせよ、小池と側近が目指しているのは、二元代表制という日本の地方自治システムの破壊といっていいのだろう。

自身の意に沿わない会派が多数を占める現在でも、小池は、築地から豊洲への市場移転を独断で延期したほどの「強者《つわもの》」なのだから、現在、議会が彼女の足かせになっているとはまったく思われない。実際、直近の都議会でも、自民党は豊洲市場の移転問題などで知事を厳しく追及したが、論戦を経て、予算案には賛成している。

あくまでも、「都議会自民党に改革を邪魔されている」と選挙民に思い込ませ、都議選で大勝してフリーハンドを得ようという魂胆だろうが、問題はその挙句に、何がしたいのかがまったく見えてこないことだ。

今、東京都民がいちばん望んでいることは、「カイカク」なる看板を掲げて、今までのプロジェクトや都の行政に、片っ端からケチをつけ、遅らせ、混乱させ、止めて台無しにし、関係者に無駄な仕事をさせることではない。

小池の会派である「都民ファーストの会」は選挙公約のなかで、「知事の反問権」の導入と議会改革条例の制定を挙げている。

議事録を読めばわかることだが、マスメディアが強権的な人というラベルを貼っていた石原慎太郎は、何度か、「二元代表という地方自治のシステムを尊重する」と議会で答弁し譲歩した場面がある。それを壊したいという小池は大した強面《こわもて》ぶりだが、地方自治システムを「カイカク」したいのなら、もう一度、国会に復帰して地方自治法や地方財政法の改正を手掛けたらいいのに、と思うのだがいかがか。

その永田町で、小池という政治家がどういう人か聞けばいろいろな話が聞こえてくる。しかし、私はゴシップや噂話には興味がないので、別のアプローチで小池という政治家の像を浮き彫りにすることをさらに試みたいと思う。

右手に共産党、左手に隠れ民進党

「最近の小池さんは、右手に共産党、左手に隠れ民進党」

なかなかうまいことを言う。発言の主は、日本維新の会の衆議院議員、足立康史氏（以下、敬称略）である。足立は、「維新のトランプ」などと呼ばれ、独特の関西アクセントで、ときには暴言、不規則発言もまじえつつ、本質を突いた面白い国会質疑をする、目下、人気急上昇の議員である。

オモロイ議員と思われているが、実は元経済産業省のエリート官僚で、政策通としても折り紙つきである。

小池のやっていることはおかしいのではないかと、市場問題での世間の目が変わりだしたのは3月。石原慎太郎の会見等での存在感が大きく影響したことはたしかだが、永田町にも、重要な役割を演じた現役の政治家らがいた。その一人が足立である。

大阪選出の国会議員である足立がなぜ、と思うだろうが、そうした問題意識の広さ、問題を見つけたら即、国会で質問に立つ行動力が人気の理由でもある。くわえて足立の所属する日本維新の会は、かつての代表、橋下徹の影響力が依然大きく、橋下は昨年来ずっと市場問題での小池の対処を批判してきていた。

橋下は、百条委員会に臨む前の石原に電話で助言もしている。橋下との連携もある足立が年明けの1月、東京の市場問題に目を留めた。さっそく自ら東京都庁の代表番号に電話をしたという。

「大阪やったら府には知事はじめ知り合いが多いですが、東京都とはつながりないですから」

足立はあっさりこう言う。代議士ともなると自ら代表番号に電話するというようなことはしないものだが、このアプローチで足立は市場当局から基本的な情報を得、情報開示請求を行いながら、築地市場の調査を行った。これが小池の足下を崩す。

足立ら日本維新の会の調査チームの調査に押されるかたちで、都は築地で必要な土地の利用履歴調査をしていなかったこと、築地に土壌汚染の疑いがあることを発表した。このときの記者の問いに小池はこう答えたのだ。

「築地市場はコンクリートとアスファルトでカバーされているから安全」

それなら豊洲も安全ではないか、と重ねて問われると、

「豊洲は安全だが安心がない」

という、世間を唖然とさせる珍回答をするに至ったのである。

あくまでも私見だが、小池はこのときまで、豊洲市場の「安全」の意味を理解していなかったと思う。知りながら、政争の具にせんがため世間の目を誤魔化したのではなく、本人が、法令上の安全対策、石原都政での「安心のため」の余分な土壌汚染対策、それを整理して安全宣言をした舛添都政、という一連の「安全」対策の流れを十分に理解しないまま、ただ目の前にぶら下げられた共産党印の政争の具に飛びついたのだと私は見ている。

足立ら日本維新の会は、東京都に「提言書」を出し、そのなかでこう書いている。

「東京の卸売市場の整備方針を決定するのは都民に選ばれた都知事であり都議会である。国の法令に違反していない限りにおいては、自治事務である卸売市場の在り方に国政政党が口をはさむ余地はない。（略）しかし、石原都政で決定され、猪瀬都政、舛添都政を経

て小池都政が引き継いだ豊洲市場の整備方針が、ひとり東京都の問題を超えて、全国の卸売市場に混乱をもたらすなど悪影響が拡がりつつある」

地方自治の二元代表制や地方自治体の自治事務の意味を言い、その上で、東京都が飲みも使いもしない地下水の安全性で騒ぎ混乱している現状が、全国の迷惑につながると警告している。このあたりから、小池の弁舌がますます「言語明瞭、意味不明」の度を深めていくのである。

一方、都民ファーストの会の候補者のなかには、もともと民進党の議員、落選組が多く入り込んでいる。都知事が共産党のネタに食い付き、その共産党は約40年ぶりに都知事の出した予算案に賛成するという共存関係にもある。そんな小池の最近の状況を足立が辛辣かつユーモラスに評したのが、前述の「右手に共産党、左手に隠れ民進党」である。

前述のとおり、築地市場での「土壌汚染」のプロパガンダは共産党が主導し、それに旧民主党などが乗って政争をいっそうややこしくしたものだ。その混濁の空気は、権力のためなら思想も信念もお構いなしに、政党や時の権力者の間を渡り歩いた小池にとって与《くみ》しやすいところと見えたのかもしれない。

東京五輪のプレプレ大会が開催できなくなる

築地の業者が不満を募らせているのと同じころ、小池に対する「早く決めてくれ」コールが、築地市場のある東京とは別のところからも上がっていた。

昨年来、小池と側近らにさんざんに振り回されている、東京五輪の開催会場を提供する自治体の知事らである。

とくに、神奈川県の黒岩知事は4月18日、

「小池知事の言葉を信じてこれまでお待ちしていましたが、裏切られた思いであります。現時点にあっても役割分担・費用負担が決定されていないことは、由々しき事態」

と異例の強い調子で小池を非難している。

神奈川県の江の島は東京五輪のセーリング競技会場になっており、来年夏にはプレプレ大会が開催される予定だ。会場整備のためには周辺の船約1000隻を移動する必要があるため、調整が急務だが、年度末にあたる3月末までに提示するとされていた整備費用の案がいまだ示されておらず、地元の漁業関係者との交渉を進められずにいる。

黒岩は「最悪の場合、事前大会が開催できなくなる」と警告している。

なぜ、小池は決めないのか。昨年、宮城まで出かけてカメラ前パフォーマンスをした挙句、五輪の競技会場は今までどおり、となったいきさつからか、ピタッと五輪のことに触れなくなっている。まるで忘れたかのようでさえある。

これを無責任なテレビ論客たちは「国が主導権を取って云々」ともっともらしく言っているが、それは筋違いである。マスメディアが伝えないところで、五輪については東京都が責任をもって進めるべき、という国の正式な判断がすでに示されている。

その内容を説明しよう。

なぜ、自民党は小池を推さなかったのか

1月30日、国会の参議院予算委員会で注目すべき質疑があった。

質問者は、片山さつき参議院議員、答弁者は、高市早苗総務大臣。2人の論戦はいつも聞きごたえがある。

この日、片山は災害対応などのことをおもに質問していたが、質問時間の中盤、一つだけ東京五輪の件を差し挟んで高市に聞いた。

質問の主旨は、

「東京五輪は、東京都が主体的に行う『自治事務』であるのかどうか。他の自治体に借りる仮設費用の負担は東京都がすべきものかどうか」

である。

高市はいつものとおり、法律条文を踏まえながら、安定感のある答弁をした。

「地方自治法第2条におきまして、自治事務というのは、法定受託事務以外のもの、地方公共団体の事務のうち、国としてとくにその適正な処理を確保する必要があるものとして法令に定められている以外のもの、となります。したがって、東京五輪・パラリンピックのように地方公共団体の事務として定める法令がない場合は、これを自治事務と考えることができます。地方財政法第9条においては、地方公共団体の事務を行うために要する経費については、当該地方公共団体が全額これを負担すると規定されています」

この答弁を受け、片山は、

「初めて政府の見解が示された」

という一言を添えている。総理ほかの閣僚も同席している予算委員会の場で、あえて確認した重要事項である。

やりとりのなかで、過去の和歌山での国体の事例が引き合いに出され、他の自治体に会場を借りた際、主催する自治体が費用を支払ったことも確認されている。

黒岩が待っている「答え」がほぼここで示されている。

仮設施設のうち、その後、レガシー（恒久施設）になるものを除いて、東京都が費用負担をして進めればよいという政府見解が示されたのだ。

平たく言えば、片山と高市がこの質疑、答弁を通じて、

「小池さん、費用はあなたのところで持つべきですよ」

ということをはっきりさせたのである。

過去に、話を聞く機会も何度かあり、比較的よく知る片山、高市という２人のこのやりとりを私はことさら興味深く見た。

質疑の２週間ほど前、私は片山とテレビの情報番組で共演し、小池都政について論じたことがあった。

そのときの片山は、随所で言葉を選びながら、

「小池お姉さんとは一緒に仕事をしたこともあるので」

とも言って小池に軽くエールを送りつつ、豊洲の問題や東京五輪について「決めない小池都政」への懸念を語っていた。

一方、答弁者の高市は、自民党が下野していた６〜７年前、私の取材の後の雑談で小池の名前を出したことがあった。

当時私は、外国資本、とくに中国系資本による日本の山林の買い占めの問題を取材していた。高市もまた、早くからこの件に着目していて、規制するための議員立法を模索し、力仕事で、森林法の一部改正にまでこぎつけた経緯がある。

古い法律を調べ、自ら法案の条文を書き、何度も書き直しながら、根回しのために議員のところを歩き回った苦労話を聞いた。

話の流れで私が、女性初の総理大臣ということに触れ、

「もし高市さんが総理大臣になったら、何をしたいか」

と聞いた。

高市は、歴史問題の重要性に触れ、憲法改正にも触れながら、いつもの落ち着いた声で自身の考えをわかりやすく語っていた。このとき高市が言った。

「私は『条文オタク』でしょう。小池さんあたりと違って地味だからね。総理というより、官房長官くらいのほうがいいのかな」

高市も若いころはテレビ番組に出るなどしていて、けっして地味な人ではなかったが、近年、とくに自民党が下野していた間は、地道に政策を研究し、条文と格闘していた。その「地味」な時間があったからこそ、今、所管分野の広い総務大臣として安定感ある答弁をする姿があるのだろう。

永田町でも「政争の人」との評価が多い小池とは対照的に、「政策の人」となった高市に、官僚出身の片山が絶妙のパスを出した。これを受けた高市の丁寧な答弁が、小池の逃げ道を塞いだやりとりであった。

小池はその後もメディアから五輪の費用負担について聞かれると、「国が……」ともやもや言っていたが、もはやその道はないと知るべきである。

そもそも東京都は資金があるから五輪招致に乗り出したのだ。

そのことは石原慎太郎が、私たちのインタビューでもはっきり語っている。石原は、自身が東京都知事に就任し、逼迫《ひっぱく》していた東京都の財政を立て直した経緯を話し、その結果、「4000億近い貯金ができたんで、オリンピックをやろうと（自ら）言い出した」と言った。

さらに、五輪の件では小池の逃げ道を塞ぐ、身も蓋もない発言が聞こえてきた。発言の主は、麻生太郎財務大臣。ある都議会議員のパーティで支持者を前に、

「都民の皆さんが小池さんを選んだんでしょうが、私は支持していませんから」

と明言したという。

その場にいた一同は、「小池が何を言っても五輪のカネなど出さんよ」という意味に受け取ったと多くの関係者が証言している。

もともと信頼関係のないところへ、昨年、麻生の地元福岡での補選の際、小池がわざわざ麻生の推す候補の対抗馬の応援に入ったことでその関係は決定的に悪くなった。応援は二階幹事長からの依頼だったとも言われるが、東京五輪もあるのだから、「何も新任の今、わざわざ福岡まで出張って麻生さんの神経逆撫ですることないのに」という心配の声は当時から聞かれていた。

片山と高市から巧妙に逃げ道を塞がれ、麻生からはノーと言われ、他党では日本維新の会の足立が市場問題のいたずらな政争化に「待った」をかける。永田町の面々から小池へのさまざまな牽制球が投げられるなか、都議会自民党にも変化が訪れていた。

「闘え」の指示が出た

2月の終わり、初めて石原慎太郎に会いに行ったのとちょうど同じころ、意外な人物から私に「都議会の高木幹事長とゆっくり話がしたい」という話が来た。

依頼の主は、首相官邸のなかのある人物。名前は伏せ、Aとしておくが、安倍首相の最側近の一人である。

ほどなく2人の会合が持たれた。自民党の組織系統からすると異例のことなので、当然、私的な会合である。

都議会自民党の上部組織は党の東京都連（東京都支部連合会）、その会長、副会長は東京選出の大物代議士が代々務めており、現在の会長は、党本部の幹事長代行も務める下村博文氏（以下、敬称略）である。本来であれば、高木ら都議会の大方針や選挙については、下村との間で相談されるが、その下村も都連も抜きに、ましてや党本部の役職者でもない官邸の要人がいったい何を高木と意見交換しようというのか。話題は一つ。小池対策である。

「闘いに転じろ。全面戦争だ」

長時間にわたった会談で、Aから高木に伝えられたことを煎じ詰めると、この短い指示であり、檄であった。

これがA個人の考えだとは考えにくく、「官邸」の指示であったと見て間違いない。

会談の直後、Aは高木について、

「人品はいいし、政策もしっかりわかっている優秀な男だけれど、勝つために何でもやるタイプじゃないからな。この手の政争には向いていないかもしれない」

と評している。

半年間、都議会自民党も都連の下村も、対小池の態度をはっきりさせられずにいた。

政界で言う、「抱きつくか、闘うか」。そのどちらもできずにいる間に、自分たちの悪評、しかも事実でないことまでがメディアによって広められ、選挙を不安に思う仲間が切り崩されていった。

都議会自民党がメディアと世間から「悪役」とされ続けながら、闘うこともできずにいたのには、自民党本部の煮え切らない態度が原因していた。

党の方針に背いて都知事選に出た小池には、「勝てば官軍」だから処分なし。

都議会の面々が小池を嫌って候補に推さなかったことは事実だが、それは都連、党も同じである。あの夏の選挙のとき、自民党の主要な人々の誰一人として小池を都知事候補に推したいと思っていなかった。永田町の重鎮の一人からは、「小池では、五輪はうまくいかないよ」という今日を予見したかのような発言も聞かれた。自民党候補の応援に立った丸川珠代五輪担当大臣が言った「スタンドプレーはできるが、チームプレーができない人」というのは自民党の面々からよく聞かれた小池評であった。

小池の出馬表明の後になって、安倍総理が、「小池でいいじゃないか」と言ったものの、都連が聞き入れなかったという話が伝わっていたが、これも少々バイアスのかかった情報だ。

自民党がほかに強い候補者を立てられそうになかったことのほかに、この機に体よく小池を外へ出したかったからではないかという声もある。

安倍が首相に返り咲いて以後、小池が一切の役職を与えられず、干されていたことは誰の目にも明らかで、それは安倍が勝利した自民党総裁選での小池の強烈な「寝返り」に起因していた。

安倍の側近のなかには、上辺はどうあれ、自分たちは本心では小池をけっして許さない、と今でも言う者、ああした裏切り方のできる彼女を「蛇蝎《だかつ》のごとく」嫌いだ、と言う者もいる。

紆余曲折あったとはいえ、党が決めた「落下傘候補（東京に地盤のない候補）」のために真夏の東京を歩いて支持者に頭を下げ、票をかき集めたのは、地域に根を張る都議会、区議会の議員一人一人である。選挙期間にのみ、選挙カーに乗って応援に来る永田町のお歴々ではない。

ところが、選挙に負けたら、小池から「敵」とされ、メディアからバッシングされたのはその都議会の議員たちのみ。気持ちの収まるところがない。

その声を背負っている高木は、会談の冒頭、Aに噛みついたと聞く。

「党のけじめはないいんですか？　自民党のガバナンスはどうなっているんでしょうか」

地方議会・議員は諸悪の根源なのか

都知事選直後、同じ声は東京以外の地方の自民党員、地方議員らからも聞かれた。今回の東京のようなことを許していたら、ますます示しがつかなくなるからだ。

一般には誤解されているが、国政選挙であっても、自身で強固な支援組織や地盤を持つ者を除いて、実際の票を持っているのは代議士より地方議員ということがある。

とくに、「地方の政党」とも言われる自民党はその傾向が強く、地方組織において代議士より地方議員が隠然と力を持つこともある。

有権者が長年つながってきたのは、地元の言葉を話し、自分たちの陳情を聞いてくれる地方議員であって、ポッと来てお神輿の上に乗る代議士ではない、というわけだ。代議士のことはよく知らないが、地方議員の「顔」で投票するという人は多い。

一方、1年で人口の4分の1が入れ替わる東京は、地域共同体の結びつきが希薄で、政治的にも無党派層が多い。「付き合い」より自分の意志で投票したいと考える、「意識高い」人たちが最も多い選挙区でもある。

それゆえに選挙では、組織よりも知名度が優先され、政治経験もなく、どう見ても見識のなさそうなタレント候補が圧勝するケースも生まれやすい。

そんな東京にも地方議員は大勢いて、地元のこまごまとした問題の解決のために働く者も少なくない。なかには地元業者と結びついた陳情案件もあるが、その一切を「利権」と一括りにし、悪と見るのは誤りである。

だが、小池が都議会自民党や東京都連を目の敵にするのには、この「利権」の主導権を自分のほうによこせという底意もある。

小池の特別秘書が、自民党とつながりのあった団体に対し、「自民応援を止めて、都民ファーストを応援しないと予算を切る」と〝脅し〟をかけた話は有名である。自民、民進双方の関係者は、「われわれが最大会派のときでもそれほどまでに露骨な脅し方はできなかったよ」と苦笑いしている。

小池が、「復活予算」を廃止したのも同様の意図によるものだ。

東京の予算規模は7兆円。全国でも突出しており、ヨーロッパの中堅国と同じ規模の巨額予算である。この予算の編成権と執行権の両方を一手に握るのが東京都知事だ。

その一部、0・3パーセントほどの200億円について、議会の各会派が折衝できる余地を残す、それを「復活予算」と称し慣例化してきた。これを小池が取り上げたのだ。

小池とメディアが、この復活予算の頭に「政党」という語句を付け、「政党復活予算」

というオリジナルな言葉にしてプロパガンダに努めていた。その内容は、

①「政党復活予算」は全国でも東京にしかない異例の慣習であり
②議会の「利権」の温床であり
③その最大部分を握るのが都議会自民党である

というストーリーであった。

私は、自民党員でもなければ、都政に特別に詳しいほうでもなかったが、それでもこの呼び名が正確でないことは複数の人から聞いて知っていた。実際、東京都のウェブサイトでも、昨年秋の時点では「復活予算」と明記されていた。

いったい誰が、この「政党復活予算」なる上手いプロパガンダ用語を考え付いたのかは定かでないが、テレビはこれを多用し、小池は、予算が成立した後の4月になっても、自民党の野田聖子氏（以下、敬称略）との雑誌の対談でこの言葉をことさら使っていた。

「復活予算」プロパガンダが盛んな平成28年の秋、私はテレビのワイドショーに出て、「政党復活予算」という呼び名は正確でないことを伝えた。「復活予算」が都議たちの支持者へのアピールの一つになっていることはたしかだが、取り上げたとして都民にどんな利

益があるのか。都知事にこの巨額な予算に関する権限が集中することが良いことなのか、疑問であるとコメントした。

スタジオ内にポカンとした空気が流れ、私の発言が出演者に理解されているようには見えなかった。このとき日本中を覆っていた「都議会は悪」という思い込みの空気を、私の一言で打ち破ることなど到底できなかった。

ただ、半年近く後の4月になって、小池と野田という政治の「プロ」がこの「復活予算」についてまだ誤解を含ませて話していることに驚いた。

野田が、「そのような予算は岐阜県にはないので驚いた」と語っているが、東京都の予算が岐阜県の10倍近くあり、それほど巨額な予算を持つ自治体が全国でほかになく、そのすべての権限が都知事に集中していることには驚かないのだろうか。

都知事の独裁を許していいのか

私は雑誌やテレビで、小池が築地から豊洲への移転を議会にも諮らず、独断で延期した、と繰り返し言って、その危険性を訴えてきた。

最近ようやくこのことが認知されてきたが、まだ大ごととは受け止められていない。この経緯をもう少し詳しく述べておきたい。

平成28年8月末、小池は記者会見で「豊洲への移転延期」を発表した。かねてからマスメディアでその可能性が言われてはいたものの、手続きとしては不自然だった。

議会に対し何らかのことはしているのだろうか、と不審に感じて確認したが、その形跡はない。定例会開会中でなかったから致し方なかったと言う人がいるが、それは言い訳にならない。定例会とは別に、常任委員会は要件を満たせばいつでも開会できるからだ。

結局この記者会見での発表から1カ月も後に議会に報告事項として「延期」の件が出されているが、これを正しい機関決定だといえるだろうか。

ふつう、民間企業であっても機関決定にはルールがある。社長といえども単独で決裁できることには限りがあり、重要事項は取締役会や株主総会に諮って決定することが法令で定められている。

最初から小池は、都議会との「二元代表」という地方自治のシステム、日本の民主主義のシステムを無視しようとしていたのか。都知事選の前、小池が保守系CS放送局「日本文化チャンネル桜」の単独インタビューに応じている様子が、今もインターネット上に上がっていて見られるが、このなかでも妙なことを言っている。

それは、舛添時代に問題となった新宿の都有地を韓国人学校に貸与する件である。小池はこれを見直すと言明した。現場を実際に見に行ったことも話し、

「いい場所ですよ。私思うんですけど、保育園と老人施設を一緒に造ったらどうかと。でも、国では厚労省と文科省でバチッと分かれてるんですよ。でも、それこそリーダーシップですよ。東京都なら自分で決めればいいわけでしょう」

声の調子、滑舌、抑揚は実にきれいだが、この発言の内容がいかにいいかげんなものであるか、国政、都政にとくに詳しくない一般の人でもわかるだろう。

まず、保育園も老人施設も同じ厚生労働省の管轄であり、保育園と老人施設の合築はすでに東京の多くの地域で実施されていてそれほど珍しいものではない。今さら特段、都知事のリーダーシップを必要とすることではない。

このほか、就任後にも雑誌の対談等で、東京都は予算が国家並みに大きく、いろんなことを「自分で決められる」のだと強調している。

都知事の権限が大きいことはたしかであるが、何でも「自分」が決めていいわけではなく、リーダーシップという言葉の意味は、物事を独断することではない。

どこまで意図的であったか、今となっては測りかねる。だが、このままの考えで突き進む、つまり側近の上山が言う「二元代表」を「カイカク」の妨げだとして選挙に突き進み、

勢いで小池側が大勝したら、東京には事実上の「独裁者」が誕生する。
これこそを私たちは大きな危機だと認識すべきではないか。

小池の見習うべき先輩は石原という皮肉

党の本部と地方の支部とで推したい候補が異なり調整できないまま、「分裂選挙」となった例はこれまでも多々ある。

平成11（1999）年、石原慎太郎が東京都知事に初当選したときも、自民、公明両党が推薦したのは、元国連の事務次長の明石康氏であり、自民出身では石原のほか、柿澤弘治氏や鳩山邦夫氏も出て激しい争いとなったが、石原が圧勝した。

その後の石原は、無所属知事として都民の大きな支持を獲得し13年超の長期間を務めたため、党籍がどうのこうのというチマチマした話にはならなかった。

また、石原が初就任したころから、地方自治体の財政悪化が深刻な問題として取り上げられるようになっていた。マスメディアが、その元凶は「箱物」や道路建設といったゼネコン系との癒着にあり、と大キャンペーンを張ったため、地方の利権と結びつきのない落下傘候補やタレントら政治の素人が「正義の味方」のごとく持て囃《はや》され、結果、首長選挙では無所属候補が多く当選する時代が続いてきた。

こうしたことも、90年代以降の日本のテレポリティクスの重要な一面である。

「東京から革命を起こそうと思います」

20年近く前にこう言って都知事選に出て勝利したのは石原慎太郎だった。

今では、小池によって「守旧派」のようなラベルを貼られてしまった石原だが、「革命」という、小池の「東京大改革」よりももっと強烈な言葉で出た石原こそが、「地域とのしがらみのない改革派首長」の先駆けでもあった。

では小池と石原とではいったい何が違うのか？

一つ、石原は都庁の職員に対し、「あなたたちの今までの仕事はダメ」と見下すことがなかった。ワンマンに見える石原だが、実は、職員の提言をひじょうによく取り入れた人だったとの評価が、都庁ＯＢの間にある。

たとえば、石原都政最大の功績である財政健全化も、世間をあっと言わせたディーゼル車の規制もそもそも石原の着想ではなく、都庁幹部が上げた懸案事項を、石原がうまく世間に投げて話題にし、世論を追い風にしながら実現したことだ。

単にアドバルーンを上げるだけではなく、世間の共感を武器にして組合や企業筋との交渉に臨む。その難しい交渉役には、自身の長年の側近で辣腕の浜渦を投入するなどして、石原の言う「籠絡」の工作も忘れなかった。

首長にまず問われるのは、政策実行力である。今、小池が言う「大義と共感」をもって政策を前に進めること——これを20年近く前にやり遂げたのは実は石原であった。

小池が見習うべき先輩は石原。

この皮肉なオチに、どれほどの都民、あるいは小池サイドの人が気づいているだろうか。

そんな石原も議会と鋭く対立する場面があり、ときには妥協も余儀なくされた。

とはいっても、それは、事々によるものであり、はなから「天敵」としたわけではなかった。ただ、ときには激しい政争の末に、側近であった浜渦が都庁を去る結果となったこともある。

浜渦は毀誉《きよ》褒貶《ほうへん》ある人物だが、批判する人のなかからも、彼の能力を高く評価する声は多く、くわえて、親分（石原）のためなら命懸けという覚悟のある人だった、と皆言う。

それだけの側近が、果たして今の小池にいるだろうか。

親分のためなら命懸け、という古いフレーズを小池は嫌うだろうが、21世紀の現代であっても、日本のとくに政界のようなところでは、有能な上に並外れた忠誠心を持つ側近の存在が政争を左右することが少なくない。

都議会自民党の反転攻勢

官邸筋から、小池との「全面戦争」の指示を受けた高木と都議会自民党に、明らかな変化が表れたのは3月。このころには、市場問題についての潮目の変化も感じられるようになっていた。

老いてなお世間に一定の影響力を与えうる石原の肉声での会見、足立康史ら政界の面々による「圧力」も奏功していた。

3月14日から始まった東京都議会予算特別委員会で、都議会自民党から小池に対し「市場移転」についての激しい追及が始まった。

トップバッターに立ったのは政調会長を務める崎山知尚氏（以下、敬称略）だった。崎山は、築地と豊洲を比較しながらその「安全」について質問し、小池はここで決定的な回答をする。

「築地市場はコンクリートと土で遮蔽しているから安全です」

ならば、豊洲も同じくコンクリートと土で遮蔽されているから安全ですね、と崎山は念を押し、法令上の安全（土壌汚染対策法）をクリアしているかと質問。これに小池が、

「法令上、築地はカバーしています」

と答えた。では豊洲はどうか、との問いに対し、

「問題は、安全、安心の問題で……」

という意味不明な答えをし始めた。これに対し崎山が、

「知事は安全と安心をゴッチャにしている」

と論評し、確認のため東京都環境局から、

「豊洲も法令上カバーしています」

という答弁を引き出している。

豊洲は法令をクリアしていて安全である。これが都議会で確認され、議事録にも記載された公式の東京都の回答である。

念のため言っておくが、築地市場をカバーしているとされるコンクリートの厚さは10センチ程度、確認目視できるだけでも場内100以上のクラック（裂け目）がある。

一方の豊洲は、その数倍の厚さの新しいコンクリートで覆われている。

本書では何度も繰り返してきたが、豊洲市場は、初めから「安全」なのだ。コンクリート等で覆うという必須の土壌汚染対策以上に、コンクリートの下の土壌の改良までせざるを得なくなったのは、共産党のプロパガンダと、それに乗った旧民主党の一部の都議会議

員が、当時の知事の石原に、「安心」のための余分な対策を求めたからである。

グズグズと進まない状況にケリを付けるため、石原は決断した。無害化を目指して土壌改良をやると。

この「ゼロリスク政争」の無限ループに陥る危険にしっかりと終止符を打ったのが舛添であった。小池はこれを引き継ぐべきところを、今になって、最初の段階に話を戻したのだ。そして、安全のウソを見破られると、今度は最初に付け火をした共産党と同じ、「石原が強引に押し切って余分な支出をした」ように話をすり替えている。

日常の生活に忙しい都民、国民はこれに騙される。一つ一つのことの経緯などいちいち憶えていないところへ、「土壌汚染」「安全性」というワードを出されると人は容易に不安に駆られるからだ。

そしてまた今回も、メディアはその詐術劇を大いに煽った。

崎山ら都議会自民党の質疑は、過去の経緯の「おさらい」に過ぎなかったのだが、経緯を忘れている（知らない）都民、国民には有効だった。

ここから、メディアの論調もはっきりと変わっていった。3月の議会の初日から、都議会自民党は議会終了後に毎日、メディア向けのブリーフィング（説明）を開くようになっていた。

ずいぶん前に高木から「メディア対策の有効な方法は何?」と聞かれたことがある。そのとき私は、「近道はないね。ただし、3つのFが有効」と答えた。

3つのFとは、その昔、上場企業の広報をやったころからの私の持論だが、説明しておくと、

第一に、frequency（頻度高く）＝情報を頻繁に出すこと
第二に、friendly（親しみやすさ）＝わかりやすく親しみやすい調子で説明すること
第三に、first（最初に、第一に）＝他に先んじて情報を出す、自身が一番優位な点を発信すること

である。このうちの第一をまず実践すべく、とにかくもっと頻繁に情報発信すればいいよ、とアドバイスしたことを思い出した。それしか、世間の誤解を解く道はないと。

私がすっかり忘れたころになって、高木はこのことを実践していた。

毎日、夜中まで議会は行われていた。知り合いの政治記者から、都議会自民党がえらく盛り上がっている、という話を聞いたので、様子をうかがいに行ってみた。

夕方の5時、議会はまだまだ続くという時間帯だったが、幹事長室には多くの議員が詰

めかけ、画面で委員会質疑の成り行きを見ていた。
そのなかに、「都議会のドン」と言われる内田茂議員の姿もあった。

都議会は「ドン」によって牛耳られているのか？

聞いていたとおり、吹っ切れて「戦闘モード」に転じた都議会自民党はエラく盛り上がっていた。やや体育会的ノリではあったが、70代から30代までの全員が誰一人食事にも立たず、テーブルの上に置かれた差し入れの菓子などを口に入れながら、一心に画面を見ていた。

時折、「ダメだ、こんなんじゃ弱い。元のシナリオに戻ってしっかり畳みかけろ」という高木ら幹部の声が飛び、それが指示のメモとなって議場に送られていた。

内田は、静かに座っていて若い者たちと同じように菓子などつまみながら画面を見ていた。聞けば、議会が始まってから毎日、若い者たちと夜中まで幹事長室に詰めているのだという。

マスコミ嫌いと言われていた内田に、私は少し慎重に話しかけた。

「お疲れではないですか？　ご体調があまり良くないと伺いましたが」

と聞くと、

「伝えられているよりいいですよ。（メディアは）本当のことを伝えないからね」

と答えた。そんな当たり障りのない会話をしている間に、何度か、若い都議たちが内田に話しかけてきた。

「内田先生、こういうこと過去にありましたか？」

そのときの内田の答えぶりに私は驚いた。

「○○年の◎会定例会のときの△△の質疑で、誰々がこう言って……」

抜群の記憶力だ。しかも、目の前で起きている事象にぴったりの事例を、即座に膨大な記憶のなかから取り出し、すらすらと話す。

元テレビ朝日のアナウンサーで、都議会自民党では最年少の議員である川松真一朗氏が以前、内田のことを「都議会の生き字引」と言ったのはこのことかとわかった。

内田には、石原との関係や浜渦との関係などさまざまな話を聞いたが、取材としてのインタビューではないのでここで開陳することはやめておく。ただ、やはり一つ一つの事柄を内田は驚くほど詳細に憶えており、感情を交えずに淡々と話した。

内田についてもう一つ印象に残ったのは、外国の地方自治、議会のシステムに明るいことだ。国会と地方議会の関係、地方分権のありようなど、失礼ながら私は内田の見識に驚

いた。正直に、

「聞いていたイメージと違う方で驚いています」

と言うと、内田は、

「私のことを『都議会のドン』と最初に言ったのは猪瀬元知事だと思うけど、私は副知事、知事を務めた彼と一度も一対一で話をしたことがないんだよね」

と笑っていた。

さまざまな話を聞いた後で私が、

「引退なさるのですから、今まで不当に着せられた『汚名』をそそぐために、たとえば手記を書くなどなさってはいかがでしょうか」

と言うと、

「一地方議員だよ、私は。石原慎太郎のようなスターでもなければ作家でもない。いろんなことがあったけれど、それはすべて墓場まで持って行くよ」

と言った。私がさらに、

「しかし、長年のご経験を後進に伝えることも大事なことではないでしょうか」

と聞くと、

「今、ここでみんな聞いてくれてるじゃない。こうやって現場で一つ一つ経験しておぼえて成長していってくれてるでしょ。それで十分だよ」

メディアに出たがる、目立ちたがりの多い最近の政界人を見ている私にとって、内田の言葉はむしろ新鮮なものだった。40年の内田の政治家人生に、善悪の評価を下すだけの情報を私は持ち得ていない。しかし、今のところ、彼にも都議会自民党にも不正は見つかっていない。これが厳然たる事実である。

都議会議員選挙が「党」の闘いになった

4月に入って、自民党本部で選挙対策委員長を務める古屋圭司氏が7月の都議会議員選挙について異例の取り組みを発表した。

首都東京とはいっても都議会議員選挙は地方選挙である。ふつうなら、東京都連の指揮と予算によって行われるものだが、今回は党本部が乗り出すことを決めた。

巷では、国政で連立を組む公明党が小池の「都民ファースト」との選挙協力を発表したことで、自民党が「本気になった」のではないか、と言われたが、すでに書いたとおり、官邸内の人物から都議会自民党へ直接の「指示」が出ていたことも無視できない。

その後も、二階幹事長が小池と食事をしたとかどうとか、報道はあったが、それはそれ、と申し上げておこう。

一方の小池は、都議会予算特別委員会の最後に、メディアに対し、

「44年ぶりに、全会一致で予算をご承認いただきました」

と自身の成果を強調した。

全会一致の意味は、共産党も反対しなかったという意味である。

日本維新の会の足立康史が言う「右手に共産党、左手に隠れ民進党」というのは、このことから来ている。

一方で、隠れ民進党として多くの議員が小池の会派に流れた民進党は5月になって、都議会議員選挙の公約を発表した。その会見の席で、民進党東京都連の会長を務める松原仁衆議院議員（以下、敬称略）は、つぎのように述べていた。

「小池知事との関係については、政策ごとにまさに是々非々で考えていきたい」

私はさっそく松原に電話をした。小池知事の最近の様子をどう思っているか、「今の小池さんは『右手に共産党』だ」と言う人もいるが、と聞くと、松原は電話の向こうで笑いながら答えた。

「小池さんは前と変わらず、国を愛する政治家だと思うよ。共産党に近いように見せているのは、彼女特有のマキャベリズムじゃないか。自分はそう見ているよ。ただ、冷たいか

らな、彼女は」

民進党は、党本部が共産党と協力関係にあり、小池のことを言えた義理ではない現状だ。党内保守派の中心である松原の苦労もわかる。

だが、民進党にとって党の存亡がかかっていると言っても過言ではない重要な選挙に向かう割には声の調子が暢気《のんき》であった。このままでいけば、首都東京のリベラル層の受け皿は共産党に集約される事態もあり得るだろう。

小池が就任して間もないころ、都議会各会派の面々がそろってテレビに出ていたときのことを思い出した。

番組の最後、司会者から、小池知事に対し何（どんな関係）を望むか、との質問がされ、それぞれが答えをボードに書いて掲げていた。

小池を支持する議員らのボードには「徹底した情報公開」とか、「ドンを追い出せ」などの言葉が並んでいたが、自民党の高木は、「善知識」という言葉を書いていた。

その意味は？　と問われた高木は、

「仏弟子の関係を指す言葉です。ときに激しく問答しながらもお互い高め合う、仏の弟子同士の関係を表していますが、二元代表である都知事とわれわれ議会がそうした関係であれば、と思います」

と答えていた。

高木は90年代の初め、まだ日本の世間には知られていないころから、チベット問題に関心を寄せ、中国政府に対し抗議の声を上げていた。中国共産党によって蹂躙《じゅうりん》されるチベットの仏教徒に同情を寄せていた彼らしい、良い言葉を選んだものだと感心した。が、同時に、今の低俗なテレポリティクスの世界でこのような言葉を挙げてもまったく評価されないだろうとも思い、旧友を気の毒に感じた。

7月の選挙の後、再びバッジを付けて議会に戻ることになったら、そのときにこそ彼は、この良い言葉を直接、小池都知事に贈るべきだろう。

第5章　築地市場の不都合な真実

築地ブランドとは何か？

毎日約4万人が出入りし、約3000トンの荷物が届き、それが1日のうちに全国のどこかへと消えていく築地市場。

その場内を夕暮れどきに歩いてみた。

朝のセリ時の喧騒がウソのように静まり返った場内の人影もない一角に、トラックが1台停まっていて、何やら水を使った作業をしている。少し高いところから眺めていると、場内の人が教えてくれた。

「養殖のタイを締めているんです。お得意先の料理屋が何時に仕入れに来て、何時ごろお客に出すか、その時間から逆算して、いつ、どう締めればいちばん旨いか、それをわかっていて、この時間に作業をしているんですよ」

市場の人たちのこうした魚扱いの知識とノウハウが、「築地ブランド」だ。

「ブランド」という言葉はけっして、市場のハード（施設）や環境を指してはいない。水産流通の専門家からは、築地市場を「最悪の市場」と酷評する声もある。かつて、築地市場の大家である東京都の責任者だった石原慎太郎が、築地を視察した後、「古い、狭い、危険」と言ったのはごく当たり前の感想であった。現状のまま置くことは犯罪的という声まである。

一方で、築地の一部の業者を含む人たちから、「築地が素晴らしいから、世界中から観光客が見に来るのだ」という声もあるが、これは的外れである。

若いころ、10年も旅行雑誌の仕事をした私の目から見ても、今の築地市場は「面白い」観光素材の一つではある。しかし、それは一生に何度か、たまたま訪れる旅行者の目線で「面白い」のであって、先進国である日本の首都東京で、今もまだこんな前時代的な施設が使われていることへの驚きと、一種の「野趣」を見る楽しみなのである。

毎日を東京で暮らす私たちが、現代にマッチした「食の安全」を考えるとき、ここが良い環境だと思えるはずがない。

今どき中国や東南アジアでも大都市では、オープンエアの市場は減ってきている。温度管理のできない市場では、国際基準にかなった食品の衛生管理ができないからというだけでなく、暑さ寒さ、雨風にさらされ、排気ガスその他もろもろが入り込む環境が、働く人にとっても過酷であるからだ。

むしろ、私たちが大切にしたい魚の目利きの職人の皆さんに、なぜもっと安全な良い環境で働いてもらうことができないのか、と情けない気持ちにすらなる。

そしてもう一つ、ここに来るといつも思うのだが、地下6メートルの手の届かないところにある土壌や地下水にヒステリックになる人たちが、なぜ、魚とそれを扱う人が雨風や排気ガスにさらされていることは平気なのか。まったく理解に苦しむ。生鮮品を扱うのに温度管理も一切なくてよしと思う感覚も不思議である。

私自身は胃腸が強く神経質でもないから、屋外で締めた魚であっても平気で食す。だが、そうした個人の感覚の話ではなく、今どき、よりによって公設施設で屋外での食品加工作業が当たり前に是とされているのはやはりおかしい。

築地市場のことを「築地動物園」と揶揄《やゆ》した人もいる。

最近メディアも報じるようになったが、築地市場には、多くのネズミ、ネコ、カラス、カモメ、ウミネコなど多種多様な生き物が住み着いている。

これらのことは築地市場の不都合な真実である。

私を含め、今までメディア関係者は、築地市場の不都合な真実について知りながらあえて伝えずにきた。築地で働く人たちの邪魔をしたくないと考えたためである。

しかし、よく考えたら、築地の人の労働環境という点から考えても、不都合な真実は表に出されるべきである。しかも、ここへ来て新しい東京都知事が、ようやく収まった場内の政争を蒸し返して、挙句の果てに、「築地には安全と安心があるが、豊洲には安全はあ

って も安心がない」などという詭弁《きべん》を弄し、にっちもさっちもいかない事態にしてしまったのだから黙っているべきではない。

このままでは市場の人たちの未来が見えない。心を鬼にして築地市場の不都合な真実を列挙していくこととする。

アスベスト、年４００件を超える交通事故

早朝、昼時、遅めの午後から夕方と時間帯を変えて築地市場を訪れてみた。

朝の5時台、セリの行われる時間帯は活気があることは間違いないが、かなり怖い。歩いていると荷物を運搬するターレが縦横無尽に迫ってくる感じがする。

築地市場内ではターレの接触などの交通事故は年間４００件以上も起きている。開場日換算では日に１・５件を超える頻度だ。

どうして場内でこれほど交通事故が起きるのか。

いちばんの原因は市場の構造にある。前章で書いた、卸業の経営者が私に見せた築地市場の航空写真に写し出されていたが、ここは鉄道輸送がメインだった時代に建設されたため、車両用の動線がない。

平成元年に開設された大田市場は、築地市場の2倍の広さがあり、車両と歩行者の動線が分けられているため、年間事故数は築地の半分以下である。

理由の第二は、ターレのスピード走行、不規則走行だ。場内での交通事故の多くはターレと通行人の接触であるが、これも動線がないことに起因している。

問題を解決するには市場を新築するしかないのだ。

ここ築地で操業しながら建て替えることは四半世紀も前に試みて断念した。それをまた蒸し返すことがいかに愚かしいか、説明するまでもない。

薄暗い早朝の市場で、ターレを避けながら歩いていると、前に人だかりが現れた。近づくと悪臭がする。覗き込むとアスファルトの割れ目から水があふれていた。

「下水管のどこかがダメになったんだろう。古いから。でもすぐ（修理が）来てくれる」

もはや老朽化という言葉では足りないぐらい超老朽化していることを誰もが知っている。それでも住み慣れた我が家を離れがたいという感情はあるだろう。しかし、ここは「私の家」ではなく、公設の生鮮食品を扱う卸売市場であることを忘れるべきではない。

屋根の一部が穴だらけになっている。なぜ修理しないのか尋ねると、鉄骨の腐食が激しいため、修理スタッフが屋根に乗ることができないのだという。

耐震補強した金属も腐食が進んでいる。移転問題で注目が集まっているため、大きく報道されたが、3月には濾過海水の装置が故障し海水が噴き出して、一部店舗が営業できなくなる事故もあった。

私たち取材メディアを案内したメンテナンス担当の職員が、吐き出すように言った。

「毎日、一日が終わるときに、ああ、今日も何もなくてよかったぁ、と思うんです」

きわめつきはアスベストの残存である。

封じ込められてはいるが、これほど見事なアスベストの建物を見たのは久しぶり、子供のころ以来だ。建屋の一部の天井だけでなく、アーチ形を描く建物の屋根にもアスベストが使われている。

元都知事の石原は、築地市場の話をするたびアスベストに言及した。

「大きな地震でも来て建物が壊れたらアスベストが飛散するんですよ。それ吸ったら肺気腫を起こす。そんなところで働かせ続けるなんてことがあってはならない」

市場問題プロジェクトチームのメンバーで、建築家の佐藤尚巳は、

「壊すときには粉塵《ふんじん》が飛ぶ可能性があるから、囲いをして丁寧に壊さないといけません。実際に市場が動いているなかで、その作業ができるのかといったら非常に難しい」

と言う。さらに佐藤は、築地の建屋の耐震性にも懸念を寄せる。耐震補強がなされた柱を場内のあちらこちらで見かけるが、その多くに金属の酸化、腐食が見られる。佐藤は言う。

「築地がブランド化しているのは築地で働いている人たちのプライドと努力の賜物です。環境や設備が整っているからではない。築地ブランドを支えている人たちが全員豊洲に移るわけだから、本気になれば豊洲の名誉はすぐに挽回できるでしょう」

まったく同感だ。

労働環境としても築地の現状は劣悪と言っていい。昨今、場内で働く人の高齢化が言われているが、特殊な業界ということを差し引いても、この環境が若い人にとって魅力的な仕事場であるはずはない。

築地での作業はいちいち天候に左右される。豊洲に行けば、作業のときに防寒着も雨ガッパも要らない。これだけでも体への負担は軽くなる。若い人のリクルートももっとやりやすくなるかもしれない。

築地市場の土や地下水は安全なのか

仲卸店舗が軒を並べるエリアを歩くと、パーティション（間仕切り）もなく、通路にはみ出すかたちで営業しているこの状態で果たして、今の築地市場が都の衛生局や厚労省の示す安全基準を満たしていると言えるのか疑問が湧く。

仮に、パーティションをきちんと立てるなどすれば豊洲と同じようなものにならざるを得ず、空調の整備された施設にしようとすれば、２階建てでは無理だと佐藤は言う。

地下にも配管のための穴をつくらなければいけないため、ある程度の深さを掘らないといけない。結局、築地にも「謎の地下空間」をつくらなければならないということだが、現状の営業を続けながらそのような改築工事をすることはきわめて難しい。

メディアも含めて皆まんまと騙されているが、今「築地」か「豊洲」か、２つを同等のものであるかのように考えたり、限界に達している超老朽化した施設である築地をどうにかしようと検討したりすること自体が馬鹿げている。

今挙げた築地市場の問題点のほぼすべてをクリアし、法令上の安全もクリアした施設が、築地からわずか２キロ離れたところにでき上がっている。それが豊洲市場ではないか。

私たちは目を醒ますべきなのだ。

小池自身が言うとおり、築地市場の土壌は、「コンクリートでカバーされているから法令上の安全」を満たしている。

ところが、小池が筋違いに豊洲の「安全性」がどうこうと言って市場の移転延期を独断し、グズグズとこれを政争の具として弄んだため、日本維新の会から問題提起されて、とうとう築地市場の土壌の調査が行われることとなった。

かねてから言われていたことだが、築地の地歴は複雑怪奇である。終戦後はGHQのクリーニング工場があったため、ベンゼン等の汚染があると考えられる。その後、第五福竜丸の被曝マグロが埋められたという話、それ以前には敷地の一部に屋敷跡などがあり、文化財が埋まっている可能性もあるという。

仮に、築地の土壌に汚染が見つかって、それでも築地で再整備するというのなら、「チーム小池」は当然、まずコンクリートを剝がして土壌改良するところから始めなければ、豊洲の地下水で騒いだこととの辻褄が合わなくなる。

「食の安全」にかかわるもう一つの大事な事柄

食の安全と聞いて、私たちが真っ先にイメージするのは衛生管理、あるいは市場の環境であるが、もう一つ大切な要素を忘れてはならない。

食品を扱う事業者の経営状態と経営姿勢についてである。

かつて食品偽装の問題が世間を騒がせたことがあったが、こうした問題が起こる背景には、経営側と現場担当者らのモラル、事業者の経営・財務の状態が大きく絡んでいる。

モラルの低い事業者や経営の芳しくない事業者が生鮮品を扱うリスク。この問題にも触れないわけにはいかない。

卸売市場には、築地市場のような中央卸売市場と、地方卸売市場とがある。

中央卸売市場とは、卸売市場法に基づいて、国すなわち農林水産大臣（農林水産省）が認可・監督をする施設である。一方の地方卸売市場は、同法に基づいて、地方すなわち都道府県知事（都道府県）が認可・監督する施設だ。

都がすべてを決められるかのように世間が思ってしまっている築地市場が国の認可を受けて開設される施設であるということは重要な点である（卸売市場法第二条）。

東京都は、国の法律、認可、監督を受けて築地に市場を開設している者、大家という位置付けだ。この築地が、老朽化、狭隘《きょうあい》化したため、中央卸売市場を豊洲へ移転させるについても国から補助金が交付されている。

仮に小池が、今さら豊洲には移転しないと言い出せば、国がすでに交付した補助金２０８億円は利息とともに返還しなければならない。

築地市場内の業者は、営業許可を得ている店子である。市場内の店子には異なる業種があり、経営規模も資本金数十億円の上場企業から個人事業主までさまざまだ。

卸、仲卸、売買参加者、関連事業者の４種に大別されるが、移転の問題でとくに注目されてきたのは、卸と、卸から買って小売店や料理店に売る仲卸の２つの業態の人たちで、それぞれつぎのとおり、許認可を受ける役所も異なる。

卸（荷受け業者）……農水省の許認可（免許）を受け、東京都の条例に従う。
業務開始には1200万円以上2400万円以下の保証金が要る。
業者数：水産物部7、青果部1、つけ物部1、鳥卵部1
東証一部や二部に上場する資本金数十億円の企業が含まれる。

仲卸……東京都知事の認可（鑑札）を受けて営業する。
業者数：水産物部547
経営規模は大小あり、家族経営の店が多い。仲卸の営業権は、日本橋時代ののれん代の伝統を汲むもので、もとは戸板一枚の権利と言われてきた。この鑑札は家族で代々引き継がれているが、財産権として保全されるとの判例がある。

市場の移転については、規模の大きな企業である卸が、早くから移転容認でまとまってきたのに対し、数が多く零細事業者も多い仲卸の意見は割れ続けた。
水産仲卸の一部に今もいる強硬な移転反対派のそもそもの言い分は、移転に際し、自分たちの「財産」である営業権を東京都に高く補償させようというものだったという。

そこへ、共産党までもを含むさまざまな政治勢力が入ってきて、土壌汚染の問題を炎上させたことで、論点がすり替わって闘争化した。

仲卸は零細事業者、売上高3億円以下の事業者が大半である。だが、規模の大小より問題とすべきは、この小規模事業者のなかに、経常赤字、債務超過の業者の割合が高いことだ。2年前のある資料には、仲卸の7割近くが債務超過業者だと書かれている。

このことも築地市場の不都合な真実である。アスベストやネズミのこと以上に報道されてこなかったが、移転問題を長期化させ、こじれさせた要因の一つでもある。

「東京都は業者の声に耳を傾けるべき」なのか

公設市場はいかにあるべきか、について重大な問題提起をしたい。

築地の仲卸業者の多くが債務超過状態にあるという事実は、移転問題を伝えるメディアの議論においても伏せられている。これはまったくおかしなことだ。

築地の仲卸の営業許可を出すのは東京都知事である。東京都中央卸売市場条例第二十四条には、仲卸の営業許可について、11の項目を挙げ、それに該当する場合は許可をしてはならないと書かれている。11項目のなかにつぎのような項目がある。

申請者が仲卸しの業務を的確に遂行することができる資力、信用及び知識を有する者でないとき。（東京都中央卸売市場条例第二十四条４の四）

この条例には、卸業者、仲卸業者、関連事業者に対し、知事の権限で、業務状況や財産状況、帳簿を検査し、指導、助言することができ、必要があれば改善措置命令を出すこともできると書かれている（同条例第百一、百二条）。

これらの条項があるにもかかわらず、なぜ、７割近い債務超過の仲卸業者が築地市場で商売し続けているのか。

なにも、零細業者を締め出せと言っているのではない。

魚の扱いのプロである魚河岸の人たちが経営にも長けているとは限らず、長く続いた不況や日本人の魚離れのなかで、家族経営の店が健全経営を続けていくことの難しさも理解できる。

ただ、築地が公設市場である以上、そこで商売をする「権益」を持つ者には相応の責任を負うことが求められよう。そのために必要な指導や措置が、当然のこととして行政から行われているものと、ふつうの都民は思う。

ちなみに、仲卸業者の売り場使用料は、買入品の販売金額の1000分の4及び1カ月1平米2090円と東京都中央卸売市場条例にある。売り場の広さや商売の規模により金額は異なるが、東京の一等地である築地で店舗を借りる相場を考えると安い。

このような権益を持つ人たちが負う責任のなかには、国の法律や都条例全般の遵守はもちろんのこと、食の安全のために、食品衛生のルールが一般より高い水準で守られることや、財務上の健全性も含まれてしかるべきではないか。

零細な事業者のなかには、設備投資どころか、引越し費用すら負担だという人もいる。

そういう業者らに、

「豊洲への移転は零細な業者を淘汰させるための策」

「大手が入ってきて小さな業者はすべて淘汰される」

「使用料が何倍にも跳ね上がる」

などの根も葉もない話を吹き込んで、移転反対へと向かわせる工作があったという話も聞こえてくる。一時は仲卸の8割が反対にまわったと言われたが、次第に落ち着いて、移転事業を冷静に考えるようになる人が増えていくなかで、急進的な反対勢力に取り込まれ利用された人もいる。

場内で過激な反対派の声が大きくなればなるほど、冷静な人たちは「サイレントマジョリティ」となっていく。時折来るマスメディアがマイクを向けても、その声が電波に乗ることはない。

大小さまざま、元より一括りにできない市場の業者の「声」をマスメディアは一括りにして紹介し、挙句、いつもの「弱者に同情」の上から目線で、「東京都は業者の人の声に耳を傾けるべき」と締めくくる。

型どおりの仕事しかしないマスメディアに比べれば、東京都はそれなりに業者の声を聞いてはきた。個別面談までして声を聞いたはいいが、問題はそれを市場の発展のために有効活用したのかどうかである。

いやあえて言えば、むしろ東京都はこれまで、業者の声、悪質な声までを聞きすぎてきたのではないか。業者の声に押し切られ、本来都がすべきガバナンスを放棄してきたところが問題ではないか。

私がそうまで思う、さらに深刻な築地市場の不都合な真実についてご説明しよう。

外界と隔絶された「ムラ」ならではの「築地ルール」

築地市場のなかを時間帯を変えて幾度か歩くと、目につくことはさまざまある。立場の異なる市場関係者の話を聞いていくと、「築地ルール」とでも呼ぶべき、不都合な真実がいくつも見えてくる。

なぜ、築地市場の駐車場は転貸されているのか。

なぜ、公共スペースが占拠されているのか。

なぜ、廃業する人も多い仲卸に、新規参入者がほとんどいないのか。

そしてなぜ、東京都はこれらのことを放置しているのか。


メディアを通じてけっして伝えられない、これらのことと築地市場の衰退は無関係とは言えない。築地市場の取扱は最盛期だった80年代後半と比べると4割ほど減少した。大手小売業による直接仕入れと販売、通販の発達など流通の劇的な変化もあり、もはや公設市場は要らないのではないかとの論も出ているが、私はその決めつけは今のところ暴論という立場である。

築地だけを例に取っても、取扱の総量は減少しているが、鮮魚に限ると微減である。市場の現状についてもっと仔細で丁寧な分析がまず必要である。

私たちの社会において、公設の卸売市場が果たす役割はまだまだ大きく、必要な存在だ。

ただし、それは「公設」の公によるガバナンスが正しく機能していれば、の話である。では、市場の再興のために何をすべきか。

まず考えるべきことは、市場の近代化である。その一歩として「築地ルール」の撤廃をすべきだが、これは言い換えれば、市場内を正常化させるということだ。

駐車場の転貸や公共スペースの無断使用などもってのほかだ。即刻禁止し、店舗エリアには適切にパーティションを設置し、ターレの走行にもルールを遵守させ、くわえタバコでの作業もやめさせて……。こう考えていくと、築地では到底無理だ、この環境のままでは難しい……となる。

「築地の悪いところ、旧弊・悪弊はすべてここに置いて、良き部分だけを持って豊洲へ移ろう」

このような考えもあっての移転だったのに、と嘆く関係者もいる。未来志向の業者たちが、悪弊と手を切る最大のチャンスをも小池は潰したのである。

不勉強で傲慢な者がトップに立つと、負の影響はカネに換算できないこうしたところにも深刻に表れる。

だが、築地市場の不都合な真実はこれで終わりではない。もう一つ、おそらく「築地市場で最も不都合な真実」と思われることも明らかにしなければならない。

移転事業が混迷し長引くなかで、小さな業者ほど疲弊する。移転を目処に廃業を決めた業者も少なくなかった。それなら店の数が減るはずだが、豊洲の新市場について新規業者の公募などがあったという話を聞いたことはない。

それはなぜか。これまで築地市場において、仲卸の新規参入はほとんど認められてこなかったからである。理由は、現状の業者が組織している組合の承認が得られないためだ。

今、場内にいる業者らがＯＫと言わなければよそ者は入れない。これが「ムラ」の掟である。外の世界と隔絶された築地市場が、人間関係などの点で「ムラ」化することは容易に理解できる。しかし、ここは彼らの所有する本当の「村」ではないのだ。

東京都という大家がいながら、その大家よりも店子組合が強く、よそ者を受け入れるかどうかも店子が決めるという話は、部外者の私にはすんなりとは納得しがたい。

築地「ムラ」そのものを、全面的に否定するつもりはない。

昔、魚河岸の人たちは自ら築いた「ムラ」の秩序と人情で市場を守り立ててきた。そのなかで「魚の目利き」が育ち、ブランド化したという側面があるからだ。

しかし、時代が移り変わり、施設の老朽化、狭隘化から移転問題が持ち上がって以降の築地では、「ムラ」の悪しき面が大きくなったようにも見える。市場内に起きた政治的分断も、「ムラ」であるがゆえに助長された面が強い。

反対派の頭目が廃業業者の鑑札を買い漁る不思議

その最悪の事例の一つがつぎの件である。

反対派の頭目とされる力のある仲卸業者が、廃業していく業者の営業権（鑑札）を買い集めているのだ。その結果、この業者は、自身が反対しているはずの豊洲で最大級の区画を占めるに至るという、実に奇妙な状況にある。

かなり前から、市場内には、「外から大手が来たら自分たちは潰される」という風評が流れていたそうだ。一方で、資本力のある内部業者が、自ら「反対派」として零細事業者らを煽り、小店の体力が衰え廃業となるとその営業権を買い取っている。

本来、大家に返すべき権利を店子間で売り買いする。このカラクリによって外からの新規業者の参入は阻まれ、「外の大手」ではなく内部の大店によって小さい業者の淘汰・統合が進められてきた。

これが、築地市場における最も不都合な真実、「築地ブランド」の裏面の一端である。

このことを書く、と言った私に、複数の築地の関係者が「身辺に気をつけたほうがいいよ」と忠告してくれた。

そう言われたら、絶対に書かねばならない。

こうしたことを放置しながら、市場の前向きな今後を考えることなどできようはずがない。そして、この「鑑札」制度が持つ一種の閉鎖性が、多少の違いはあるものの、今の日本の水産業全体に横たわる問題の一つにもなっている。

市場内での営業権の売買について、東京都がこれまで適切な指導をしてきたとは言い難い。これは長年にわたる行政の不作為の結果だとも言える。

移転延期の宣言から半年以上がたち、春になっても、何も「決められない」都知事・小池が、性懲りもなくまた新たな組織「市場のあり方戦略本部」を立ち上げた。

もしも小池が、同本部を通じて、この築地市場の不都合な真実にもメスを入れる、というのであれば、私は都民の一人として大賛成、大歓迎だ。

今まで東京都は、「市場の声」を悪い意味で聞きすぎたのである。

都庁の職員は2～3年で人事異動する。この短い期間に、わざわざ人に恨まれる仕事をしたくはないと考えるのも人情である。一方、政治家もまた、一票欲しさに「業界」の顔色を見てしまい、大所高所から何が公にとって正しく最善かを考えられなくなる。

その結果、行政が歪んでしまう。

築地市場は、そこで働く一人一人の善良な精神とは別のところですっかり政治的に歪められてしまったのだ。

前述のとおり、築地市場が行政から「老朽化していて危険」との警告を受けたのは30年以上も前のことである。30年もの長い間、1日に約4万人の人が出入りする公設施設を開場し続けてきた。

途中、改修工事を試み、アスベストの封じ込めや耐震補強を行ったとはいえ、根本から老朽化した危険な施設であることは如何ともし難く、もはや移転するしかないのだ。どんなところでも住人らにとっては「住めば都」である。その一人一人の声を聞き、皆が困らないよう手当てすることは大事だが、一人一人の声に引きずられるばかりでは、行政の最良の決断、執行を妨げてしまう。

まさに悪しきポピュリズムのツケが今の築地市場であり、それを桁外れに悪化させたのが小池劇場なのである。

第6章　東京を取り戻せ

ニュースにならないことをニュースにする人

本来ニュースにもならないようなことが大ニュースになってしまう――これが小池劇場の困った特徴である。

行政の仕事というのは、日々これ膨大かつ多岐にわたるが、ほとんどが地味な作業の積み重ねだ。その一つ一つが遺漏なく着実になされていることはふつうニュースにはならず、私たちもそれを当たり前と思っている。

ところが、小池百合子という人にかかるとその当たり前がいちいち「事件」になる。マスメディアにとっては、いっとき貴重な「ニュースメーカー」とはなるが、都民にとっては、当たり前の行政を当たり前にやらないトップは「トラブルメーカー」でしかない。

都庁関係者が言う。

「企業などの民間組織にもたまにいるでしょ、基本業務を十分に理解しこなす能力がないのに目立つことばかりやりたがり、上司へのアピールだけは得意なタイプ。結局、大穴を開け、その穴埋めは、蔑《ないがし》ろにされてきた同僚が泣きながらやる羽目に陥る。そういう『困ったちゃん』が東京都知事になったということ」

5月の連休明け、またもや、本来ニュースにならなかったはずの事柄がヘッドラインとなって巷を騒がせた。

五輪の他県での開催施設の費用負担の件である。

回答をさんざん引き延ばし、関係者に迷惑をかけた挙句、発表された内容は「元のとおり」。小池が引っかき回す前のとおりであった。

第4章でも触れたが、もともと他県の仮設施設費用は東京都が負担することを原則としていて、各県は、警備その他の人的リソースの提供、ボランティアの教育などの費用を負担するほか、仮設施設のうち、五輪後にレガシーとなるものについては自治体側も負担するなど、詳細には個別に協議して決めるということであった。

それを、小池が就任直後に「会場見直し」を宣言し、宮城だ、横浜だと大騒ぎをしたために、原則とされていたことを含め、それまでの流れが止まってしまった。

本来であれば、昨年中ぐらいには概算金額が出て都議会にも諮られ、その後、細部を詰めながら、支出方法などの手続きについても検討が進められていたはずである。

この点でも五輪準備はすでに半年は遅れているのだ。

築地市場の移転が延期されたことで、五輪までの環状2号線の開通が難しくなり、バス3000台分の専用駐車場の用地確保も難しくなった。

遅れているというより、東京五輪はもはや「破壊」されかけている。

この肝心なことを言わずに、またもや小池vs官邸（菅官房長官）云々とワイドショー的な切り取りしかしないマスメディアにはウンザリだ。

朝日新聞はこの騒動を「五輪仮設、追い込まれた小池知事　官邸や他知事が包囲網」（5月12日）との見出しを打って伝えたが、この表現は適切ではない。

小池が追い込まれたのではなく、小池が都知事として、やるべきときにやるべきことをやらずに、余計なこと――他人への攻撃、自己宣伝のためのメディア出演――ばかりしていたために、東京都と日本が追い込まれた、正しくはこう言うべきである。

第4章の冒頭で述べたとおり、知事就任時に職員に対して、「期限を決めて仕事をせよ。遅れるならいつごろまでと示せ」と訓示を垂れたにもかかわらず、市場の件でも、五輪でも、それをまったく守ることができないのが知事自身である。

朝日新聞をはじめとしたマスメディアは、現在のところ、

①　東京五輪の準備の遅れが深刻であること

②　公約に沿った開催はすでに不可能となっていること

③　都心での駐車場用地の確保すら難しい状況に陥っていること

といった肝心なことをはっきりと都民、国民に知らせなければならない。

小池が、安倍総理との面会は連休前から決まっていただの何だの言っているが、それはどうでもいい。政局報道はこの際、後にすべきだ。

半年以上遅れてしまった五輪に関する事務をどう巻き返すか。これが目下、最大の難題である。どう頑張っても時間を巻き戻すことはできないし、小池の一声で五輪を「延期」することはできないのだから。

またもや「独断」したルール無視の知事

五輪の仮設施設費用について、元どおり東京都が負担すると発表して一段落かと思いきやそうではなく、都議会が猛反発している。

それも当然のことで、この件も市場移転延期のときと同じように、議会に一切諮らずにメディアに発表した、「知事の独断」（都議のコメント）だったからである。

報道によると、官邸側の仕掛けによって決断に追い込まれたことを小池周辺がつぎのように語ったとある。

小池氏周辺は「都中心に精査している中、ひどい」。都の主導権を保つためにも決着案を示さざるを得ない局面になった。首相に面会する前日の10日夜、都幹部は漏らした。「知事は、腹をくくった」（朝日新聞5月12日）

「ひどい」も何も、その精査作業は何カ月も前にやっておくべきことだった。都庁の担当役人には気の毒だが、すべきときに精査作業をせず、余計な「施設見直し」のパフォーマンスで周囲を振り回すだけ振り回したのだから、３県の知事の怒りも議会の反発ももっともなことである。

遅れた時間は巻き戻せないが、ではこれから五輪費用についてどのようなことを詰めなければいけないのか。つぎのようなことが挙げられる。

（１）五輪の総費用１兆８０００億円の費用分担はどうするのか
（２）今回表明した５００億円の財源はどうするのか
（３）５００億円の支出方法はどうするのか
（４）警備等、国との連携によって費用の合理化を図る部分をどうするのかこれらはそれぞれ難題であり、予算がともなう件として議会に諮る必要がある。それぞれ問題となりそうなことを列記しておく。

（1）東京都、組織委員会、国の3者での費用分担については、まず主催都市である東京都が負担し、足らないところを組織委員会、国が出すというのが筋である。

東京都は資金力があり、五輪のために4000億円弱の基金を積んでいるが、そのほかの財源をどうするか、それぞれの費用をどこから出すのかを決めていく必要がある。

（2）500億円という金額は妥当なものなのか。財源はどうするのか、どこから出すのか、の案を知事側は議会に諮る必要がある。今後の精査結果によっては、500億円より少なくなる可能性もあるが、その検討が十分でないままメディアに発表するやり方は、いつものことながら、議会軽視と批判されても致し方ない。

（3）500億円の支出方法が問題になるという認識が、一般の都民にもマスメディアにもない。しかしこれは重要な問題で、もともと、自治体間ではお金のやり取りはできない。

いったん、組織委員会にお金を入れて各県に払い出すか、国庫を経由するかといった方法論を検討し、必要であれば国に要請をしなければならない。

（4）警備の問題について、私は昨年来、自分の出演番組等で何度も指摘してきたが、これはきわめて重要な問題である。五輪を安全に開催し終了させることは、最も重要な課題と言ってもいいかもしれない。

世界中でテロが頻発している今の時代、日本も対岸の火事とは言えず、大規模な国際イベントがテロのターゲットにされやすいことは論をまたない。

警察と民間との協力体制で十分ではない恐れがあり、自衛隊（国）への協力要請をするとなれば、立法の必要性を視野に入れて検討すべきことである。

小池が知事に就任した直後、私は複数の警察関係者からこの話を聞いていた。

識者のなかには、警察と自衛隊は仲が悪いから協働はうまくいかないなどとメディアで発言していた人がいたが、警察、自衛隊含めた関係者は皆、これを否定した。

「五輪ほどの大イベントに対処するのに、『仲が悪い』だとかそんなこと言っていられませんよ。一刻も早く東京都に警備の全体規模を決めてほしい。そこから自衛隊にどのくらいの要請をするかがわかってくる」

全体の規模感が見えてくれば、費用も見えてくる。

警備に関しては非公開のことも多いので確かとは言い切れないが、この点も進展したという情報は入ってきていない。

ここでは4つのポイントで、五輪について至急検討し議会に諮らなければならないことを挙げたが、ほかにも決めるべきことは山ほどある。

五輪の準備は、開催都市にとって壮絶な大仕事なのだ。通常の行政事務にこの大事業がプラスされるのだから、トップ以下一丸となって死に物狂いで取り組まなければならない。

前述のとおり、事によっては政府への協力要請と立法の必要も出てくる。

五輪担当大臣を窓口にしながら、お金のことなら財務省、地方自治の担当省庁である総務省のほか、警備については防衛省、国家公安委員長、国土交通省、保健衛生については厚生労働省と、ほぼすべての省庁とのコミュニケーションが必要にもなる。

「国との間でも小池知事が汗をかかないといけないのに……」

というボヤキが聞かれたのも半年ほど前。

五輪担当大臣との打ち合わせもスムーズにいかないようでは先が思いやられる。

くどいようだが、この五輪準備の遅滞は、議会が邪魔をしたからでもなく、小池が

「敵」とした人たちが邪魔をしたからでもない。

やるべきことを、やるべきときにやらない知事本人のせい。これに尽きる。

もし今後、このシロウト知事の「チルドレン議員」が大量に議会に入ってきたら、都政はどんな混乱に陥るのか。私には悪夢としか思えない。

余計な「カイカク」などやらなくていいから、決まっていることを一刻も早く前に進める当たり前の仕事をしてほしいと切に願う。

築地市場を閉場するという「誠意」

小池が、市場移転の延期を独断してから9カ月が過ぎたが、この件はもはや泥沼にはまり込んだ感が強い。すでに小池としては、行くも地獄、戻るも地獄。いずれの決断をしても相当な批判は免れない。

政局という面で言うと、仮に豊洲への移転の決断をすれば、共産党系はすぐさま反小池に転じるだろう。もともと反目しているならまだしも、協調していたものが離れたときの共産党の批判は容赦ないはずだ。仮に築地に残るとなれば、自民党はもちろん、都議選で協力関係を結んだ公明党も反発するだろう。

では、都民、国民はどうなのか、が問題だが、3月の下旬から世論調査の結果にも変化が表れてきた。

石原慎太郎を呼んだ百条委員会の直後、複数の世論調査の結果を見ると、小池への支持率は前回からは10パーセント程度下がったものの依然7割と高かったが、市場移転の問題に関してだけは「豊洲へ移転すべき」が「移転すべきではない」をわずかに上回り、その後の調査では「移転すべき」が少しずつ多くなっている。

こうした潮目の変化を感じ取ったのか、小池は1月の時点では「市場問題は都議選の争点」と明言していたのを曖昧にし始め、次第に争点化を避ける言い回しに変わってきた。

そもそも、市場移転の事業にしろ五輪準備にしろ、小池と側近が政局に利用するには大きすぎ、複雑すぎたのだ。

築地市場の業者たちは、「長年いろいろあったけれどようやく昨年11月7日に移転ということでまとまったものを、小池さんが壊したからもう一度まとまるのは無理」と言う。仲卸業者のなかに一定数いる絶対反対の強硬派はけっして折れないだろうと。

そうなれば、東京都が打ち出せる手は一つしかない。

89年に、老朽化のため秋葉原駅前にあった「やっちゃば（旧神田青果市場）」が大田市場へ移転したときのやり方である。築地市場の閉場期日を決定・発表し、希望者は移転できるとする。移転希望者の引越し費用を補助し、移転を希望しない人は退去とするものだ。

神田青果市場の大田市場への移転の際には、何軒かの業者が立ち退きを拒否して居座り、都は一定期間を置いて行政代執行をかけ店舗を撤去した。

築地の場合、業界6団体のうち5つまでは移転の方向なので、おそらく問題となるのは仲卸の組合だけである。ただ、仲卸にも移転を希望する業者は少なくないので、もはや組合の縛りを外して、個々の意思で決められるようにするほうが合理的かとも思われる。

いずれにせよ、荷受けである「卸」が移れば、仲卸は商売ができなくなるから、立ち退き拒否で居座れば、神田のときと同じ結末となるだろう。

余談だが、かつて築地の水産市場もすべて大田市場へ統合するという案があった。大田に、水産、青果、食肉、その他すべて揃った市場をつくろうとの計画だったが、築地の人たちの反対にあって実現しなかったのだ。

理由の第一は、今の築地から遠い＝銀座や新橋に多い顧客にとって不便だったそうで、①築地から近く、②現状より広い用地の確保ができ、③海に面した場所（濾過海水を大量に使うため）などの条件を満たすところということで、豊洲に白羽の矢が立った。

話を戻すが、なぜ築地の閉場ありき、なのかというとやはり危険だからである。

東京の場合、明日にも大地震が起きる可能性もあり、時間帯によっては市場内だけで数万人が被災する。施設が壊れれば、市場内だけではなく周囲にまでアスベストが飛散する。

東京都はその危険を１日も早く除去する責任がある。そして、これはぜひ本書の第５章を参考にしていただきたいが、公設市場内の正常なガバナンスを取り戻し、大家と店子のよりよい関係を取り戻す必要もある。

もし築地市場の建物が壊れるほどの地震が起きたら、間違いなく影響を受けるだろう朝日新聞社（朝日新聞社の本社社屋は築地市場の目の前）は、一種の危険施設である築地市場がこのまま残ることを是とするのだろうか。

あらためて小池劇場の要因を考えてみる

なぜ、こうも小池都政はチグハグなのか。

本来やるべきことを期限までにやらず、風評ばかりが広められ、新築された安全な豊洲市場は空家のまま半年以上、無駄な維持費と補償が垂れ流され、東京五輪という歴史的大事業の準備は遅滞し、その都度、都庁の職員は無駄な仕事ばかりさせられる。

この背景にどういうことがあるか、これまでさまざまなポイントから述べてきたが、もう一つ忘れてはならない要因がある。

側近の存在である。

東京都知事には副知事が4名、特別秘書が2名いて、通常はこれらの人たちが知事の側近とされるが、小池都政では顧問を委嘱されたうちの数名も重要な役割を担っている。

東京都のウェブサイトには、「東京都顧問」というページがあり、14名の名前が並んでいるが、そのうちの3名が小池の「参謀」として中心的な役割を果たしていると見られている。

本書第1章にて紹介した、市場問題プロジェクトチームの座長、小島敏郎（元青山学院大学教授）、第4章にて紹介した上山信一（慶應義塾大学教授）、そして本書では初めて名前を挙げる、ニューホライズンキャピタル株式会社取締役会長兼社長の安東泰志氏（以下、敬称略）の3名である。

各人が10カ月間で行ってきたことに触れる前に、東京都の顧問とはどういう役割を負う存在かをはっきりさせておく必要があるだろう。

同ウェブサイトには顧問の概要をつぎのように書いてある。

（1）役割

都政運営のあり方について、助言・進言を行う

（2）運営
知事からの相談その他必要に応じて、随時、助言・進言を行う
（3）位置づけなど
法的位置づけ
地方公務員法第3条に規定されている「非常勤」の特別職

さらに、東京都は、「顧問の設置及び運営に関する規則」（昭和50年5月23日規則第一五五号）のなかで、顧問の権限をつぎのとおり定めている。

（権限）
第三条　顧問は、職務を遂行するために、知事の事務を分掌している各局等の長に対して資料を要求し、及び説明を求めることができる。

世間の常識に照らしても、顧問といえばトップのアドバイザーという認識であり、組織を代表して外部との折衝まで行う存在とは考えにくい。
ましで東京都のような公的機関であれば、規則が定める権限の範囲で適切に役割を果た

す存在であるはずだが、このような認識で見ると小島や上山のこれまでの行動には疑問が残る。この2人の顧問に越権行為はなかったのかを、今後、精査すべきではないだろうか。

悪しき側近政治の成れの果て

小島については、本書第1章の冒頭で書いたとおり、プロジェクトチームとしての検証もなく承認も得ていない「築地再整備の私案」なるものを市場内業者に説明する会合を開いたり、「青果部門」を切り離して豊洲に移転させるという荒唐無稽な案を出してみたりして、築地の業者を混乱させ、憤らせている。

市場プロジェクトチームの一員である建築家の佐藤尚巳は、私との雑誌の対談で小島がプロジェクトチームを私物化していると告発している。

「小島敏郎氏の言動から感じることは、とにかく豊洲に行かせたくない、と。PTというのは目的があって結成されたチームだと思っていましたが、『着地点はどこですか』と小島座長に聞くと、『一体どうなるのか、わからないよ』と言われた」

佐藤はこう驚きを語り、小島について、能力は抜群だとしながらも、特殊なもののとらえ方をする人だとしてその例を挙げた。

第7回PT会議（平成29年3月29日）では、小島が最後に築地市場の建て替え案を説明するなかで、「安全」と「安心」についてつぎのような驚くべき解説をしている。

「コップ一杯の水が三つあります。一つは危険物質が入っており別の二つは法的に安全。その二つのうち、一つは少しだけ有害物質が混じり、もう一つはまったくの無害。一般の人たちは最終的にどちらの水を選ぶか。当然、無害の水。

もう一つのたとえで、豆腐を取り上げました。遺伝子組み換えの豆腐と天然の豆腐。二つは法的に問題がない。どちらを食べるか。もちろん天然の豆腐です。

これが『安全』と『安心』だと」

これは豊洲市場のケースとはまったく無関係な例示である。豊洲の問題は、地下の環境にいくらか汚染があるが対策されているので地上に食品があっても安全だという話なのに、わざわざ食品を例に持ち出し、そのなかに「毒」があるかないかの話にすり替え、強引に印象操作をしている。

小島ほどの高い知能を持つ人がこの途方もない錯誤をうっかりしたとは考えにくい。まるで詐欺商法のセールストークのようだ。このことは小池も承知の上なのか。

佐藤と私の対談が出た後、佐藤以外の関係者からもＰＴについて証言があった。

「ＰＴの私物化という感じは見られます。会議中、できるだけ佐藤先生たちが発言できないように時間を使い、最後にあたかもＰＴ全体の総意であるかのように見せる」

こうしたＰＴの実態を小池は把握していないだろうと関係者が口を揃える。一方で、小池は自身の信用する側近以外の言うことには聞く耳を持たないとも言う。

佐藤は、平成28年9月からの半年間、知事肝いりとされたプロジェクトチームのメンバーを務めたにもかかわらず、小池都知事に直接会ったことはないそうだ。

小池を知る何人かが「小池さんは丸投げだから」と口を揃える。

大きな仕事をするリーダーが職能に応じて部下に仕事を任せることと、外人部隊に「丸投げ」することは根本から異なる。

都庁の各部門の部下を使わず、むしろその業績をことごとく破壊するかのような「カイカク」のための丸投げによって、市場移転も五輪も混迷させられた。小島の近年の活動や、小池の政治塾で語った内容から、彼は行政出身であるにもかかわらず、行政のプロジェクトを「止める」ことに意義を見出していると思われる。

そうした特殊な思想を持つ者が空っぽの「君」に取り入れば、組織をただただ疲弊させ、内部から壊すことにもつながりかねない。

もう一人の小池側近、上山信一は、平成28年秋、五輪の競技場見直しで大騒ぎをした挙句、元どおりとなった件の中心人物である。

「五輪費用は3兆円かかる」という根拠不明の大きな数字をぶち上げ、豊洲市場の「謎の地下空間」のときと同様、テレビのワイドショーを騒がせた。

こうしたプロパガンダのやり方は、市場の件と共通している。

五輪会場見直しのゴタゴタを今さらくわしく説明するまでもないだろうが、世間にあまり知られていない問題——上山に越権行為があったのではないかという疑惑が浮上していた。

上山が、宮城県の村井知事に対し、長沼ボート場について、「東京都が面倒をみるから受けるよう」指示するメールを送ったのではないか、という疑惑である。上山はこれを否定しているが、村井知事が「上山さんからのメール云々」と言及したために疑いを持たれた。刑事事件ではないので、メールの開示を強制することはできないが、村井知事にはぜひとも、「東京都政の透明化」に一肌脱いでいただきたく、上山とやりとりしたメールをすべて公開してくださるようお願いしたい。

昨年、都議会が追及しようとしたものの、当時はまだ小池旋風が凄まじかったタイミングであったため、各会派の足並みが揃わず上山を議会に呼ぶに至らなかった。

間もなく、「五輪費用調査チーム」が解散し、この件もうやむやになってしまった。都議会には今後、あらためて追及の場を設けてほしいものである。

「東京を金融特区に」という新たなアドバルーン

豊洲市場、五輪と旗色が悪くなってきた小池が、つぎなるアドバルーンを上げた。

4月に報道発表された内容によれば、小池の掲げた政策は、東京に金融業が集積する「国際金融都市構想」というもの。具体的には、五輪開催の2020年までに金融系外国企業40社を誘致するとの方針である。

海外からリスクマネーを呼び込むとともに、フィンテックなど新産業の育成につなげる狙いだと日経新聞は伝えている。

小池は、国家戦略特区の区域会議で、ITと金融を融合したフィンテックなど外資系金融の誘致強化に向けた規制緩和を国に求めている。

要望の柱は、外国人起業家を呼び込むための在留資格の要件緩和である。

特区では、創業活動計画を作れば、起業の半年前から準備作業に入れるようにしているが、東京都はこれをさらに早め、1年前から在留できるように求めた。

起業までの準備期間を長くとることで、共同事業者や投資家といち早く連携できるとの理由である。

くわえて、都内に進出した外資系企業で働く外国人などが「高度人材」として優遇措置を受けやすくするよう、認定条件の緩和も国に求めている。高度人材に認定されると、外国人が親や家事使用人を日本へ連れてきやすくなるが、都としてさまざまな面での生活支援にも力を入れていくと報じられている。

かたちを変えた移民政策と言っていいこの規制緩和は、安倍政権の諮問機関で、竹中平蔵元総務大臣（以下、敬称略）らがメンバーを務める産業競争力会議の提言から生まれた「国家戦略特区」政策の拡充版である。

私は、平成26（２０１４）年から国の「外国人労働者受け入れ政策」について取材してきた。

テレビ番組の企画で竹中にも話を聞き、諸外国での「外国人労働者受け入れ政策」の問題点を引き合いに出し、警鐘を鳴らす意味を込め、複数のメディアで紹介したことがある。

投資家が高度人材として在留した後、世界最速で永住権が取れるよう規制緩和すると宣言したのは安倍総理であり、小池の政策もその方向性に沿ってはいる。しかし、地域コミュニティと向き合う都議会議員からは会派を超えて反発の声が出ている。

この規制緩和が、東京を世界トップの金融都市とするのに有効な処方箋なのか、それとも外国人を入れることありきの策なのかは今のところわからない。

「国際金融都市構想」は、金融を専門とする安東泰志の後押しがあると見られているが、小島や上山のような混乱の元とならないよう、安東の分別に期待したい。

あらためて小池劇場の損害を考えてみる

小池百合子という人が東京都知事に就任して10カ月が過ぎた。

このところ小池に批判的な報道も増えてきた。

シンデレラの魔法は解けつつある。本人だけが乗る馬車であれば、それがカボチャに戻ろうが構わないが、私たちの乗る東京という馬車がカボチャに戻るようなことでは困る。

今日も、たまさか目に留まったニュースのなかに、「小池知事の入札制度改革　業界団体から批判相次ぐ」というヘッドラインがあり、業界団体の批判を受ける小池の映像が流れていた。

この入札制度改革の目玉の一つは、ＪＶ（ジョイントベンチャー）の規制の撤廃である。

従来のＪＶ制度では、たとえば豊洲市場や五輪といった大型の工事には、大手企業が地元の中小業者とともにJVを構成し、参加するよう義務付けられていた。複数の大手だけのJV、大手1社での参加を制限することで、中小の建設業者が下請けとして不当に叩かれることがないよう、つまり中小業者の保護育成策を目的とした規制で、細部は少しずつ違うが、東京以外の自治体にもある。

この撤廃を含む入札制度改革を3月、小池は高らかに発表したのだが、中小業者の利益を圧迫するものであり、業者の意見を聞かず実施を決めたことに疑心暗鬼にならざるを得ない、との猛反発を招いている。

さらにこの規制撤廃がまたもや、「都政改革本部」の特別顧問らと東京都の打ち合わせによって決められ、議会に一切諮られなかったことで、議会の反発も呼んでいる。

「都民と決める、都民と進める」と言って当選しながら、側近の声しか聞かない知事。「いつ、どこで、誰が決めたかわからないブラックボックス」と言って都政や都議会を非難して当選したにもかかわらず、つねに議会を軽視し独断する知事。

どうしてこんなことになっているのだろう。東京都政はどこへ行くのか。五輪は果たして無事開催できるのか。

正常な東京都政を取り戻すためには、小池に、まず悪しき側近政治をやめてもらう必要がある。これは側近個々の能力や個性の問題ではなく、活用の仕方の問題なのだ。

その証拠に、上山は大阪の橋下のもとで顧問を務めた際には行政改革で一定の成果をあげている。小島も、名古屋の河村との仕事においては、政争のネタになりながらも今の築地ほどの大混乱をもたらしてはいない。

すべては、人材をいかに使いこなすか、そもそも何のために、どこまでの権限で何をさせるのかをトップが弁えているか否かにかかっている。

一日も早い都政の回復のためにはその実状をはっきり認識する必要がある。小池劇場の約10カ月間の損害のうち、数字の出ている市場のケースを見てみよう。

◎市場移転延期

豊洲市場の維持費／1日500万円×6カ月＝9億円

業者への補償／（4月の初回分、約5パーセントの業者に対し）9億円≒100〜180億円（全業者）

築地市場の補修費／（年間3億円超）6カ月で1・5億円

※市場の維持費、業者への補償は今後も増えていく。

これに、築地市場の維持費、市場問題プロジェクトチームの経費、関係職員の人件費などを合わせれば、年200億円を超えると言われている。仮に、たった今、「豊洲に移転」と知事が決断しても、実施できるのは15カ月先になるとも言われている。

数百億円が無駄に支出されるだけでなく、現在の市場業者が皆、揃っての新天地への移転は難しくもなるだろう。前述のとおり、神田青果市場が大田市場へ移転したときと同じ対応を取って、現在の移転絶対反対業者が移転せず、廃業することとなれば、その空きスペースには新たな業者を公募することになるだろう。何事も移り変わるのは世の常。公設市場での営業権（鑑札）とて例外でなく、特定の人たちの永遠の「特権」であるはずはない。

だが、仮に、移転しないと決断したらどうなるか。

小池が新たに立ち上げた「市場のあり方戦略本部」は、外部ブレーンではなく、副知事以下、都庁の官僚で構成されているが、この本部の会議資料には、豊洲への移転を中止した場合の「負担」について次のことが列記されている。

（1）豊洲に整備した設備等への補償

事業者が豊洲市場に整備した各種設備（冷蔵庫棟、ろ過海水施設、事業者造作等）について、全額（総額約310億円）補償する必要がある（都が買い取って処分するなど）。

（2）企業債返還

豊洲市場の整備財源として発行済の企業債返還のため、3500億円超の資金を用意する必要がある。豊洲市場用地売却までの間、利息負担が発生する可能性がある。

（3）国庫交付金の返納と加算金の支払い

豊洲市場の整備に当たり国から交付を受けた補助金（208億円）を返納し、年率10・95パーセントの加算金を支払う必要がある。

310億円、3500億円＋利息、208億円＋利息……。

補償とすでに受け取った金の返還では種類は違うが、少なくともこれだけの資金を用意する必要があり、利息負担も避けられないとなれば、市場会計はもつのか、との懸念も深くなる。

市場会計は築地だけのものではなく、他の市場の運営のためにも資金ショートという事態は絶対に避けなければならない。そうなると、私たちの税金である一般会計での負担という可能性も高くなる。

このことだけを見ても、築地に残留という選択肢はあり得ず、再三書いてきたとおり、築地の危険施設を閉鎖することは東京都の責任においてすべきことなのである。

たまさか私は築地市場からほど近いところに住んでいるが、明日にでも大地震が起き、築地市場の建物が崩壊するようなことになったら、市場内だけではなく近隣にアスベストが飛散する恐れがあり、直接その悪影響を受けかねない。

築地市場に安心などまったくないのである。

もう一つ、晴海通りを日常よく使う者としては、環状2号線の開通が間に合わなくなれば、東京五輪の期間中、交通渋滞や利用制限で目も当てられない状況になるだろうことが今から恐ろしい。期間中に被った不利益については、私自身が小池都知事を相手に住民訴訟を起こすことになるかもしれない。

地方行政が、私たちの生活とどれほど密着したものであるかをあらためて思い知る。もう一度、本書の第1章冒頭に引いた築地市場の青果連合事業協会の代表者の悲痛な声明を思い出す。

「いびつ」な行政による分断と混乱——日本の首都東京が、このような事態となっていることを私たちはまず正しく認識しなければならない。パフォーマンスと政争のために、首都の行政を「いびつ」にする知事と、私たちは心中するわけにはいかないのだ。

今まさに、小池百合子都知事の悪政をはっきりと認識し、糾弾し、私たちの理性によって正常な東京を取り戻さなければならないのである。

あとがき

東京が今、壊れかけている。

「そんなホラ吹いて」と嗤《わら》う方々にこそ本書を読んでいただきたい。大手メディアはなぜかはっきり言わないが、このまま行けば、3年後の東京五輪のときには、連日相当な混乱が見られ、それがニュースとなって世界に伝えられるだろう。

もはや、招致のときに東京が世界に約束した仕様での五輪開催は難しくなっている。たかが道路一本と思うかもしれないが、環状2号線が担う交通量は1日に6万台と見込まれていた。東京五輪の期間中は、選手村と競技場を結ぶ専用道路とする約束も正式にされていた。

これが予定どおり開通しない。そのすべての責任は、後先考えず市場の移転を延期した現在の東京都知事、小池百合子、一人にある。

事が動き出してからでも約20年――その間の知事、とくに石原、舛添と、多くの都庁の職員、専門家、豊洲市場建設に関わった日建設計や建設会社の人々、そして築地市場のなかで仲間内の政争に心を痛めながら業者をまとめ移転の準備を進めてきた人たち、さらには市場移転とリンクするかたちで東京五輪の準備、東京の再開発を進めてきた人たち――の苦労が積み重なった大事業を、小池は一瞬でぶち壊したのだ。

その代わりに目下、市場会計から毎日、数千万円がドブに捨てられている。江東区の豊洲地区については、「豊洲は危険」というまったく事実無根の風評が全国に流された。

ビジョンも、知見も、ルールに基づく行政上の手続きもなく、学ぶ謙虚さもなく、ましてや信念などカケラもない。ないない尽くしの都知事が、ただただパフォーマンスに勤しむなかでどんどん東京が壊されていく。

だが、少し前まで彼女は悪と闘う「正義のヒロイン」であった。

共産党が用意したネタを手に、勝ち誇ったような表情で「豊洲市場の安全性への疑義」を語る彼女をメディア、とくにワイドショーがこぞって持ち上げた。

テレビの作り手にとっては、制作費が安上がりで、そこそこ数字も取れるからと無責任に連日騒いだだけのことである。都知事だろうが、地方の一幼稚園の理事長だろうが、面白ければいい。それだけだ。ただ、罪作りなことに、その大騒ぎが、真に深刻な問題を覆い隠し、事実を歪め、人々の投票行動に大きく影響を与えてしまうのだ。

たかだかテレビのワイドショーと笑ってはいられない。

真偽不明の情報を平気で数百万の人々に向かって流すこのプロパガンダ機関が今や、日本の政治を左右するほどにまでなっている。

国会では週刊誌のネタをもとに「質疑」と称する与太話で審議時間が潰され、それをワイドショーが後追いして「支持率」なるものが決まっていく。都政においては、いっときワイドショーの女王の座にあった知事が90パーセントもの支持率を得、さらにメディア受けを狙った愚策を言い出すたびに東京のリソースが削られていく。

国際関係を取材することの多かった私が、日本の「地方」にも興味を寄せ始めたのは今から8年ほど前のことである。中国系の資本が日本の山林を買い漁っている、という半ば都市伝説のような話を追っていくうちに、政治の不作為によって「地方」が侵蝕され、一発の砲弾すら要さずに、日本が壊されていく実態を知った。

今日、首都東京ではまったく異なるかたちでの破壊が進んでいる。空っぽな「女帝」のパフォーマンスに踊らされるメディア、戸惑う都民を見て、どこかで誰かが高笑いをしているのかもしれない。

「小池劇場」の空疎さに誰よりも早く気づき、これを本にしようと声をかけてくださった幻冬舎の見城徹社長の慧眼にあらためて敬意を表します。そして本書を書く間、辛抱強く私を励ましてくださった編集の高部真人さんに心より感謝申し上げます。

有本　香

文庫版あとがき

本書は、平成29年6月上旬に上梓した『「小池劇場」が日本を滅ぼす』という単行本に、少々の修正・加筆をし、改題した文庫版である。単行本刊行からわずか5カ月での文庫化というこのスピード出版にはワケがある。

この5カ月で、日本の政局は大きく変転した。わずか5カ月の間に、小池百合子氏は圧勝し、そして惨敗したのだ。

7月の東京都議会議員選挙での「都民ファーストの会」の圧勝と、10月の衆議院選挙での「希望の党」の惨敗。夏から秋の間に起きたこの2つのドラマは、まさに本書で予告したとおり、マスメディアの寵愛を一身に受けてきたヒロイン・小池百合子が、その蜜月のピークから一気に奈落の底へ突き落とされた、つまり小池とメディアとの別離の一幕でもあった。

日本の悪しきテレポリティクス（テレビ政治）、私は敢えてもっとわかりやすく「ワイドショー政治」と呼ぶが、今回の政局でもその力は一定程度作用した。だからこそ今、本書を一人でも多くの人たちに読んでもらい、過去1年と数カ月、東京都政を舞台にして起きてきた最悪のワイドショー政治の真相を知ってもらいたいと考えるのである。

小池は、衆議院選挙の前、内輪の者に「選挙はテレビがやってくれる」と嘯《うそぶ》いたと伝えられている。それほど強大な力を持つテレビに今回、小池がしてやられた様子を、私は5カ月前に予想し、本書第3章の最後でつぎのように書いた。

彼女がその支持を獲得したと見える「左派」は、今後、小池が一つでも選択を間違えたら、恐ろしい敵に変わることが予想されるからだ。そのとき、小池を叩くのは赤旗だけではないだろう。左派と親和性の高いマスメディアもまた彼女を手ひどく裏切るにちがいない。

衆議院選挙の直後、新聞、テレビはこぞって小池を叩き始めた。
ことは一党派の勝敗にとどまらない。小池は、「安倍自民に対抗する野党共闘を潰《つい》えさせた戦犯」のように扱われた。
具体的には、小池のいわゆる「排除」発言――ただただ選挙のためだけに泥舟の自覚を捨てて「小池丸」に乗り移ろうとした民進党の代議士たちを、全員無条件で受け入れることはない、政策によって「排除・選別する」と小池が発言したこと――が有権者にキツい印象を与えた、つまりこの排除発言が「敗因」であったと盛んに解説していた。

まったく、ちゃんちゃらおかしい話である。

そもそも政党とは、志や政策を一致させる者の集団だ。考えの異なる者を「排除」するなどアタリマエのことではないか。この点については小池が正しい。

ましてや、小池が選別の基準とした安全保障法制や憲法は国政の最重要命題である。この分野で考えの一致しない集団など、ただの烏合の衆でしかない。民進党が求心力を失ったのもまさにこの点にあったにもかかわらず、メディアはこの正論を覆い隠す。

本当のところ、敗因は「排除」発言そのものではけっしてなく、その発言場面だけをテレビが切り取って、何度も何度も繰り返し流し、「小池はキツイ女」という印象をつくり上げ、視聴者に植え付けたことにある。

テレビと懇《ねんご》ろになって自らの良き印象を振りまいてきた小池が、逆の印象操作に負けたのだ。しかし驚いたことに小池は、テレビの横暴に対し一切の反論もなく膝を屈した。メディア側のつくり上げた「敗因」を受け入れ、「私の物言いがキツく聞こえたことで不快な印象を与えた」と敗戦の弁を語った。

メディアの用意した敗因のシナリオに乗ることで、小池は自身へのキズが致命的なものとなることを避け、つぎの機会をうかがうつもりだろう。だが、その前に、東京都政を一体どうするつもりなのか？

本書で繰り返し述べたとおり、築地市場の豊洲への移転は、単なる市場の引越し問題ではない。開催まで3年を切った東京五輪・パラリンピックの専用道路となる環状2号線建設やバス3000台分の駐車場の確保、さらには東京湾岸の再開発といった数々の課題とリンクする問題である。

これらすべてが今、著しく遅滞している。

そのうえ、小池がただ選挙のためだけに「築地・豊洲両方を活かす」という考えなしの案をぶち上げたことで、新たな数々の問題が起きている。

今後への難題はまた別の場で詳しく書くこととして、とにかく昨年夏からの「小池劇場」の何が問題であったのかを、一人でも多くの都民、国民の皆さんに正しく知っていただきたいと願うのである。この実相を知らないままでは、私たちはまた空疎なポピュリズムを頼みとするタチの悪い政治家と不埒なマスメディアに騙されてしまう。

行政が歪められ、公金が浪費され、民主主義のシステムが破壊される。これらを避けなければならないからだ。本書が、私たちの真の敵である「ワイドショー政治」なるモンスターとの闘いに勝利する一助とならんことを、心より望むものである。

平成29年11月
有本　香

この作品は二〇一七年六月小社より刊行された
『「小池劇場」が日本を滅ぼす』を改題したものです。

幻冬舎文庫

●好評既刊
浅田次郎
日本の「運命」について語ろう

日本の未来を語るには、歴史を知らないと始まらない！　特に現代生活に影響を与えているのは江戸以降の近現代史。人気時代小説家による、驚きと発見に満ちた現代人必読の一冊。

●好評既刊
伊坂幸太郎
アイネクライネナハトムジーク

人生は、いつも楽しいことばかりじゃない。でも、運転免許センターで、リビングで、駐輪場で、奇跡は起こる。情けなくも愛おしい登場人物たちが紡ぐ、明日がきっと楽しくなる、魔法のような物語。

●好評既刊
大沢在昌
雨の狩人(上)(下)

新宿で起きた殺人事件を捜査する佐江と谷神。事件の裏側に日本最大の暴力団が推し進める驚くべき開発事業の存在を突き止めるが……。「新宿鮫」と双璧をなす警察小説シリーズ、待望の第四弾！

●好評既刊
桐野夏生
夜また夜の深い夜

顔を変え続ける母とアジアやヨーロッパの都市を転々とし、四年前からナポリのスラムに住む。国籍もIDもなく、父親の名前も自分のルーツもわからない。疾走感溢れる現代サバイバル小説。

●好評既刊
吉田修一
森は知っている

南の島で知子ばあさんと暮らす十七歳の鷹野一彦。一見普通の高校生だが、某諜報機関の訓練を受けている。同じ境遇の親友が姿を消すなか、最終試験となる初ミッションに挑む。青春スパイ小説。

「小池劇場《こいけげきじょう》」の真実《しんじつ》

有本香《ありもとかおり》

平成29年11月15日　初版発行

発行人――石原正康
編集人――袖山満一子
発行所――株式会社幻冬舎
〒151-0051東京都渋谷区千駄ヶ谷4-9-7
電話　03(5411)6222(営業)
　　　03(5411)6211(編集)
振替00120-8-767643
印刷・製本―中央精版印刷株式会社
装丁者――高橋雅之

検印廃止

幻冬舎文庫

ISBN978-4-344-42689-4　C0195　　あ-66-1

幻冬舎ホームページアドレス　http://www.gentosha.co.jp/
この本に関するご意見・ご感想をメールでお寄せいただく場合は、
comment@gentosha.co.jpまで。